T0284150

El arte de morir

Séneca

El arte de morir

Un manual de sabiduría clásica
para el final de la vida

Título original: *How to Die: An Ancient Guide to the End of Life*
© Princeton University Press, 2018
© de la traducción del inglés y del latín, Jacinto Pariente, 2023
© Ediciones Kōan, s.l., 2023
c/ Mar Tirrena, 5, 08918 Badalona
www.koanlibros.com • info@koanlibros.com
ISBN: 978-84-18223-78-5• Depósito legal: B-14645-2023
Diseño de cubiertas de colección: Claudia Burbano de Lara
Maquetación: Cuqui Puig
Impresión y encuadernación: Liberdúplex
Impreso en España / *Printed in Spain*

1ª edición, septiembre de 2023

«Mal vive quien no sabe morir bien»
Sobre la serenidad del espíritu 11:4

ÍNDICE

INTRODUCCIÓN

En los últimos años se ha demostrado que la psi-
locibina, una sustancia que se encuentra en ciertos
hongos alucinógenos, reduce en gran medida el
miedo a la muerte en enfermos terminales de cán-
cer. Según el farmacólogo Richard Griffiths, en
una entrevista en 2016,[1] la sustancia les enseña a
«comprender que, vista desde una perspectiva más
amplia, en realidad no hay de qué preocuparse».
Los sujetos de los experimentos decían «sentir
que los seres y los objetos estaban interconectados
y que percibían la unidad del cosmos». Algunos
afirmaron haber experimentado un simulacro de
muerte durante las sesiones psicodélicas, haber
«mirado a la muerte cara a cara [...], como si se

tratara de una especie de ensayo general», en palabras de Michael Pollan en un artículo publicado en el *New Yorker*.[2] El encuentro con la muerte no se describía como una experiencia macabra o terrorífica, sino positiva y liberadora.

La frase «desde una perspectiva más amplia, en realidad no hay de qué preocuparse» recuerda mucho al mensaje que Lucio Anneo Séneca transmitía a los lectores romanos de mediados del siglo I d. C., si bien su medio para atisbar la verdad no eran las sustancias alucinógenas, sino la filosofía estoica. La interconexión de los seres es también uno de sus temas principales, como lo es la idea de que el ser humano debe prepararse para la muerte durante toda la vida, pues, en realidad, esta no es más que un viaje hacia aquella. Morimos día a día desde que nacemos. En los fragmentos que componen este libro, extraídos de ocho de sus obras de filosofía ética, Séneca habla a sus lectores, y a través de ellos a la humanidad, sobre la necesidad de aceptar la muerte, incluso hasta el punto de acabar con la propia vida si fuera necesario, con una franqueza casi inaudita en la época actual.

«No dejes de estudiar la muerte», aconseja a su amigo Lucilio. Llegado el momento, el autor predicaría con el ejemplo. Desde lo que probablemente sean sus primeros escritos, la *Consolación a Marcia*, hasta la obra maestra de sus últimos años, las *Epístolas morales a Lucilio*, Séneca vuelve una y otra vez sobre el tema, que aparece con frecuencia en medio de cualquier argumento, como si siempre le estuviera rondando la cabeza. En *El arte de mantener la calma*, por ejemplo, una rotunda defensa del suicidio racional se cuela sin previo aviso en medio de un consejo acerca de la manera de no dejarse llevar por la ira. Visto en conjunto, como en este volumen, se percibe que el pensamiento de Séneca está estructurado en unos cuantos temas clave: la universalidad de la muerte; su importancia como último y decisivo ritual de paso de la vida su pertenencia a los ciclos naturales, y su carácter liberador, que tiene dos dimensiones: liberar al alma del cuerpo y, en el caso del suicidio, ofrecer una escapatoria al dolor, a la humillación de la esclavitud o a los reyes y tiranos que pretendan destruir la integridad moral del individuo.

Este último punto cobró un significado especial para Séneca y sus contemporáneos, acostumbrados a la imposición de la muerte o la humillación por el simple capricho del emperador. Político a la vez que filósofo, el joven Séneca fue senador alrededor del año 40 d. C., época en que Calígula enloqueció y dio rienda suelta a su crueldad contra quienes perdían su confianza. Poco después, Claudio lo sentenciaría a muerte en una farsa judicial, si bien se le conmutó la pena por la de un exilio en Córcega. Más tarde volvería a Roma como tutor del joven Nerón y formaría parte de la corte imperial durante la década de los años cincuenta y parte de los sesenta d. C., cuando fue testigo de cómo este perdía la razón y hacía asesinar a los miembros de su propia familia, a los que consideraba una amenaza. Por fin, acusado (probablemente de manera falsa) de participar en una conspiración, desató la ira de Nerón y se vio obligado a suicidarse en el 65 d. C., ya cumplidos los sesenta años.

La centenaria forma de gobierno romana, en la que el *príceps* ostentaba de manera no oficial un poder casi absoluto, acabó desembocando en una tiranía. Séneca, consejero principal de Nerón durante más de diez años, fue un eficaz servidor del sistema y de paso se enriqueció con ello, lo que le ha granjeado críticas tanto entre sus coetáneos como entre el público moderno. No obstante, la filosofía le proporcionó un antídoto contra la atmósfera tóxica de la corte. Séneca siguió publicando sus tratados durante los quince años que pasó junto a Nerón, y en ellos proporciona a amigos y colegas senadores un marco moral con el que enfrentarse a épocas turbulentas. También escribió tragedias en verso de tono muy diferente a su obra en prosa, muchas de las cuales han sobrevivido hasta hoy, si bien no se incluyen en el presente volumen.

Como muchos romanos eminentes de su época, Séneca encontró un marco moral en el estoicismo, una escuela de pensamiento nacida en Grecia e importada a Roma durante el siglo anterior, donde no tardó en florecer. Los estoicos enseñan a sus seguidores a buscar un reino interior, el reino de la razón, en el que la práctica de la virtud y la contemplación de la naturaleza proporcionan la felicidad incluso al esclavo que sufre maltrato, al exiliado que se ve en las garras de la miseria o al prisionero en el potro de tortura. Para los estoicos, la riqueza y el estatus social son *adiaphora*, atributos «indiferentes» que no conducen ni a la felicidad ni a su opuesto. La libertad y la salud son condiciones deseables, en tanto en cuanto permiten al ser humano armonizar sus pensamientos y sus elecciones éticas con el *Logos*, la Razón divina que, según ellos, gobierna el cosmos y es el origen de la felicidad verdadera. La muerte es preferible a la vida y el suicidio o *autoeutanasia* está justificado cuando un tirano suprime las libertades o la salud se deteriora de manera irreparable y nos incapacita para obedecer los mandatos de la Razón.

Séneca heredó el sistema de pensamiento estoico de sus antepasados griegos y sus maestros romanos, pero ofreció un enfoque nuevo de las doctrinas relativas a las maneras de morir y, en particular, al suicidio. De hecho, el autor presta mucha más atención a este último tema que otros estoicos cuyos textos han llegado hasta nosotros, como los *Discursos* de Epicteto (publicados en esta colección con el título *El arte de ser libre*) o las *Meditaciones* de Marco Aurelio. Los lectores modernos debemos tener en cuenta que, como político en la corte de dos de los gobernantes romanos más perversos, Séneca fue testigo frecuente del tipo de suicidio del que habla en sus tratados. Calígula y Nerón, así como el resto de los emperadores de la dinastía Julio-Claudia, tenían por costumbre obligar a sus rivales políticos a quitarse la vida, amenazándolos con ejecutarlos y apropiarse de sus bienes si no lo hacían. Séneca vio muchos de esos suicidios forzados, por lo que se extiende sobre el tema de cómo y cuándo escapar del dolor o la tiranía con mayor frecuencia e intensidad que el resto de los estoicos.

Séneca es mucho más que un simple seguidor o un creyente de la vía estoica. En ocasiones toma prestada de sus rivales epicúreos la idea de que morir no es más que disolverse en elementos constitutivos que tendrán nueva *vida* una vez pasen a formar parte de otras sustancias. Otras veces resuena en sus líneas la idea platónica de la inmortalidad del alma humana y la transmigración. El autor no tiene un concepto fijo del más allá, excepto por la certeza de que no hay en él nada aterrador y las visiones de los monstruos y tormentos del Hades con las que nos amenazan los poetas son ficciones vacías. Tampoco es muy coherente en sus afirmaciones sobre el suicidio. Unas veces elogia a los que se quitan la vida para evitar la ejecución o una muerte dolorosa y, sin embargo, otras admira la entereza de quienes se enfrentan a ellas. Además, aunque por lo general prefiere el suicidio a una vida corrupta y falta de moral, Séneca formula una duda: si la familia y los seres queridos dependen de nosotros, admite en un pasaje de las *Epístolas morales*, quizá lo ético sea renunciar a morir. Él mismo, cuando era joven y vivía atormentado por una grave enfermedad respiratoria, rechazó suicidarse por su anciano padre, según cuenta en la epístola 78:1, si bien el fragmento no está incluido en esta antología.

El derecho a morir, incluso en casos de enfermedad terminal dolorosa, es una idea controvertida en las sociedades modernas. En el momento de la publicación de este libro, el suicidio asistido o la eutanasia voluntaria son legales solo en unos cuantos países y en cuatro de los cincuenta estados de EE. UU. Por lo general, las leyes que permiten este tipo de medidas llevan en vigor apenas veinte años. El debate sobre estas medidas legales ha sido intenso, y los oponentes a este derecho han esgrimido argumentos basados en el carácter sagrado de la vida humana. Sin embargo, Séneca nos recuerda que también la muerte es sagrada. *Morir bien* es de una importancia capital para él, ya sea que eso signifique aceptar la muerte con serenidad, elegir el método o el momento de la marcha o, como ilustra a menudo con gráficos ejemplos, soportar con valor la violencia ejercida contra el cuerpo por nuestra propia mano o por la de un enemigo implacable.

Lo frecuente y lo siniestro de estos ejemplos han llevado a los lectores modernos a ver una macabra obsesión por la muerte en la obra de Séneca. La réplica del autor sería que los lectores están obsesionados con la vida y que negar la importancia de la muerte es autoengañarse. Para él, morir es una de las funciones esenciales de la vida y, además, es la única que no se puede aprender o perfeccionar por medio de la repetición. Dado que morimos una sola vez y muy probablemente sin aviso, es fundamental prepararnos con tiempo y estar listos en todo momento.

«Estudiar la muerte», «prepararse para la muerte» o «practicar la muerte» son expresiones constantes de Séneca, pero no proceden de una obsesión morbosa, sino más bien de la conciencia de lo que está en juego cuando nos enfrentamos a este último y fundamental rito de paso. «Para aprender a vivir hace falta toda una vida y, esto te sorprenderá más aún, para aprender a morir hace falta la vida entera», escribió en *De la brevedad de la vida* 7:3 (publicado en esta colección con el título *El arte de vivir*). En este volumen se incluyen fragmentos procedentes de ocho de sus tratados en prosa en los que el tema de la muerte tiene un peso importante. El autor tardó veinticinco años en escribirlos y son un intento de acelerar el aprendizaje de esa última lección.

EL ARTE DE MORIR

I. PREPÁRATE

Las Epístolas morales a Lucilio, *obra cumbre de la prosa de Séneca, son una colección de cartas escritas entre los años 63 y 65 d. C. a su buen amigo Lucilio, que, como el propio autor, rondaba por entonces los sesenta años. Su tema principal es la muerte, y varias de ellas, la 30, la 70, la 77, la 93 y la 101, están casi por completo dedicadas a él. Este volumen recoge algunas de ellas enteras, como indica la inclusión del encabezamiento y la despedida, y otras en su mayor parte.*

Por lo general empiezan con un suceso cotidiano, por ejemplo, una visita a un amigo enfermo o (como el fragmento siguiente) con una idea tomada de lo que Séneca estuviera leyendo en ese momento. Aunque en apariencia se trata de una correspondencia íntima, las

Epístolas fueron escritas para ser publicadas, de modo que, si bien Lucilio es el destinatario formal, en realidad van dirigidas al público romano y, por extensión, a la humanidad.

Epicuro nos recomienda *ensayar la muerte*[1] o, dicho de otro modo, afirma que «aprender a morir es fundamental». Quizá consideres inútil aprender algo que se va a usar una sola vez, pero precisamente ahí radica su importancia. Lo que no se puede demostrar de manera empírica hay que estudiarlo siempre. Al instarnos a *ensayar la muerte*, Epicuro nos emplaza a ensayar la libertad. Quien aprende a morir desaprende a ser esclavo. Es un poder por encima y más allá de todos los demás poderes. ¿Qué le importa la cárcel, los carceleros o los candados? Tiene la puerta abierta. La única cadena que aprisiona al ser humano es el amor por la vida. Dado que romperla es imposible, al menos debilitémosla para que, llegado el caso, nada nos impida o disuada de hacer lo necesario sin titubear. (*Epístolas* 26:8-10)

En el siguiente fragmento, Séneca enseña a *Lucilio* *cómo aconsejar a un amigo que ha decidido retirarse de la vida pública para dedicarse a quehaceres más sosegados.*

Si [tu amigo] hubiera nacido en Partia, manejaría el arco desde niño; de haberlo hecho en Germania, blandiría la lanza desde pequeño; si hubiera vivido en la época de nuestros antepasados, habría aprendido a montar a caballo y a combatir cuerpo a cuerpo. Cada pueblo educa y gobierna a los suyos a su manera. ¿Qué debe hacer tu amigo para educarse y gobernarse a sí mismo? Adoptar el único principio eficaz contra cualquier tipo de armas y toda clase de enemigos: la despreocupación por la muerte.

En la muerte hay un elemento terrible que sobrecoge a la mente humana, que se ama a sí misma por naturaleza. De lo contrario, no necesitaríamos prepararnos y perfeccionarnos para cuando nos llegue, pues nos entregaríamos a ella con el mismo instinto que nos empuja a la supervivencia. Nadie necesita *aprender* a tumbarse en un lecho de rosas, pero, en cambio, sí que es preciso endurecer el carácter para no ceder a la tortura o pasar la noche de guardia sin apoyarnos en la lanza, aun si estamos heridos, pues el sueño acostumbra a tomar desprevenidos a quienes se acomodan [...].

Cuando te posea el deseo irrefrenable de prolongar la vida, recuerda que los seres a los que un día no vuelves a ver, y que retornan al universo del que un día surgieron, y del que pronto surgirán de nuevo, no han desaparecido. Se han detenido, pero no han muerto. La muerte, a la que tanto tememos y de la que tanto huimos, interrumpe la vida, pero no nos despoja de ella. Vendrá nuevamente el día que nos devolverá a la luz.[2] Muchos no querrían ver ese día, de no ser porque volvemos a la vida con la memoria en blanco.

Todo lo que parece morir en realidad se transforma y, por ese motivo, debe partir con serenidad ahora quien regresará después. La repetición de los ciclos del universo demuestra que en el cosmos nada muere, sino que cae y se alza una y otra vez. Hoy se va el verano, pero volverá el año que viene; la noche oculta al sol y, un instante después, el amanecer la aleja. Las estrellas recorren su ruta una y otra vez; una parte del firmamento emerge tras el horizonte mientras la otra se hunde.

Una última reflexión. Los bebés, los niños y los trastornados no temen a la muerte. ¿No sería horrible que la Razón nos privara a nosotros de esa serenidad que a ellos les concede la falta de juicio?

Adiós. (*Epístolas* 36:7-12)

Séneca padeció toda su vida de enfermedades respiratorias, quizá tuberculosis y asma. Sufría tanto que, según sus propias palabras, de joven consideró la idea de suicidarse. Las crisis como la que describe a continuación cobraron mayor significado filosófico a medida que envejecía, sobre todo porque los médicos las denominaban, según Séneca, meditatio mortis, *es decir «ensayos de la muerte».*

Querido Lucilio:

La enfermedad y yo habíamos firmado una larga tregua, pero de pronto ha vuelto a la carga. «¿Cuál de ellas?», me preguntarás con toda la razón, ya que las he padecido todas. No obstante, me ha caído en suerte una en particular cuyo nombre griego ignoro, pero bien podríamos denominar *suspirium*.[3] Aparece a traición, como el vendaval, en ataques breves e intensos que duran alrededor de una hora, pues, en el fondo, ¿quién tarda más en morir? Conociendo como conozco todas las dolencias y malestares físicos, aunque ninguno tan fastidioso, te aseguro que esto no es una enfermedad, esto es entregar el alma y la vida. No en vano los médicos la llaman «ensayo de la muerte», pues, a veces, el aliento vital logra escapar del cuerpo, como tan a menudo intenta.

¿Crees que te escribo con alegría porque ya han cesado las crisis? Alegrarme como si hubiera recobrado la salud sería tan ridículo como celebrar una sentencia favorable cuando solo se ha conseguido aplazar la comparecencia. En los peores momentos de la asfixia me consolaba con pensamientos serenos y firmes. «¿Y qué si la muerte me pone a prueba tan a menudo?», me decía. «Que lo haga. Hace mucho que nos conocemos.» ¿Quieres saber desde cuándo? Desde antes de nacer, pues la muerte es la no existencia y ya estoy muy familiarizado con ella. La existencia será igual antes y después de mí. Si sufrimos al morir, debemos haber sufrido antes de venir al mundo, aunque entonces no lo sintiéramos. ¿No crees que es una necedad pensar que una lámpara se encuentra mejor apagada que antes de que la encendieran? También nosotros nos encendemos y nos apagamos. Entre lo uno y lo otro tenemos conciencia y experiencia, pero antes y después es cuando reina la auténtica paz. Si no me equivoco, Lucilio, nuestro error es creer que la muerte es solo lo que viene después, cuando, en realidad, nos precede y nos sigue. Todo lo que ha existido antes que nosotros es muerte. ¿Qué importa dejar de ser o no haber sido, si en ambos casos el resultado es la no existencia?

Con estas y otras razones me daba aliento, en silencio, claro, pues no me salía una palabra. En cierto momento, el *suspirium*, ya casi una especie de jadeo, fue remitiendo poco a poco y me dio una tregua. Pero no creas, ni ahora que ya ha cesado, que respiro con normalidad. Noto un cierto ahogo, una cierta falta de aire. Con eso y con todo, prefiero la asfixia del cuerpo a la del alma.

Créeme. No temblaré cuando me llegue la hora. Estoy preparado. No hago planes ni para lo que queda de día.[4] Elogia e imita a quien ama la vida sin temer a la muerte, pues ¿qué mérito hay en marcharte cuando te expulsan? Pero cuidado, que también esto entraña su parte de virtud: aunque me expulsen, me voy por mi propio pie. Al sabio nadie puede expulsarle, pues ello implicaría obligarlo a marcharse en contra de su voluntad y el sabio nunca hace nada a la fuerza. Escapa de la necesidad aceptando lo que le impone.

Adiós. (*Epístolas* 54)

No hay nada tan beneficioso en la búsqueda de la moderación como meditar con frecuencia acerca de la brevedad e incertidumbre de la vida. Ten la muerte presente en todas tus empresas.
(*Epístolas* 114:27)

2. NO TEMAS

Séneca llevaba veinticinco años escribiendo sobre ética cuando comenzó las Epístolas morales a Lucilio, *su obra cumbre, en el 63 d. C. Las consolaciones, los escritos más antiguos del autor que han llegado hasta nosotros, son de alrededor del 40 d. C. Su objetivo es ofrecer consuelo a amigos y familiares (entre los que está su propia madre) que lloraban la muerte o la ausencia de un ser querido. En la* Consolación a Marcia, *de donde procede el siguiente fragmento y otros de este libro, el autor se dirige a una madre que ha perdido a un hijo adolescente.*

Recuerda, Marcia, que a los muertos no les aflige ya la desdicha y que los horrores del infierno son simples cuentos. No los amenaza la oscuridad, ni la cárcel, ni los ríos de fuego, ni las aguas del olvido. No se los somete a juicio ni se les impone condena. En ese lugar de libertad sin límites, los tiranos no gobiernan por segunda vez. Esos castigos son inventos vanos con los que pretenden asustarnos los poetas. La muerte es el fin de la tristeza, la frontera que no cruza el infortunio. La muerte nos devuelve a esa serenidad de la que gozábamos antes de nacer. Quien llora a los muertos, que no olvide llorar también por quienes no han nacido.

(*Consolación a Marcia* 19:4)

En De la serenidad del espíritu, *el autor afirma que el miedo a la muerte no solo hace que morir sea más difícil, sino que reduce la virtud y la integridad moral del individuo. En el siguiente fragmento, Séneca ejemplifica a través de Julio Cano un personaje romano del que apenas sabemos nada, la «grandeza de espíritu» de quienes no temen a la muerte.*[1]

¿Por qué temer el retorno al origen? Vive mal quien no sabe morir bien. Para ello lo primero es restarle valor a la vida y aprender a despreciarla. Dice Cicerón que abucheamos a los gladiadores que intentan salvar el pellejo a toda costa pero aplaudimos a los que exhiben orgullosos el desdén por la muerte. Con nosotros sucede lo mismo, tenlo por seguro. Y es que resulta que, a menudo, el miedo a morir provoca la muerte. La Fortuna, de la que somos meros juguetes, dice: «¿Para qué molestarme en mantenerte con vida, despreciable y cobarde criatura? ¿No sabes ya que, si no te atreves a ofrecer el cuello, recibirás más heridas y cortes, pero, por el contrario, si aceptas la espada por voluntad propia y con valentía, sin tratar de zafarte de ella o protegerte con las manos, tu vida será más larga, y tu muerte, más dulce?». Quien tema morir nada logrará vivo. No obstante, quien tome conciencia de que se nos condena a muerte en el mismo momento en que se nos concibe, aceptará, imperturbable, la sentencia y nunca lo tomará desprevenido la desgracia.

(*De la serenidad del espíritu* 11:4)

Julio Cano fue un ciudadano de renombre [...] que una vez se enzarzó en una larga disputa con Calígula. Cuando ya se retiraba, aquel segundo Fálaris[2] le espetó: «No te hagas ilusiones, que acabo de ordenar tu ejecución». «Te lo agradezco mucho, excelentísimo príncipe», replicó Cano. No estoy muy seguro de lo que quiso decir, pero se me ocurren varias opciones. ¿Pretendía insultar al emperador dando a entender que su crueldad era tan desmedida que recibía la muerte como un premio? ¿Le reprochaba su conocida demencia (pues aquellos que veían a sus hijos ejecutados y sus posesiones incautadas le daban las gracias)? ¿O más bien aceptaba la sentencia con alivio, como una suerte de liberación? En cualquier caso, Cano dio buena muestra de que su ánimo era inquebrantable [...]. Cuando el centurión encargado de conducir la cuerda de presos al patíbulo vino a buscarlo a la celda, lo encontró jugando a un juego de mesa. Al oír su nombre, contó las fichas y le dijo a su adversario: «Cuando me ejecuten, no vayas por ahí presumiendo de haberme ganado». «Eres testigo de que le saco una ficha de ventaja», le dijo después al centurión.

(*De la serenidad del espíritu* 14:4)

A juzgar por las Epístolas morales a Lucilio, *en su madurez Séneca vio morir o enfermar a muchos amigos y tomó buena nota del ánimo con el que se enfrentaban al último desafío para ponérselos como ejemplo a Lucilio y, tras la publicación de la obra, al mundo romano en general.*

Querido Lucilio:

Vengo de visitar a nuestro noble amigo Aufidio Baso, que lucha a brazo partido con la vejez. Se hunde sin remedio, pues le ha caído encima el enorme peso de los años. Ya sabes que siempre fue enfermizo y débil y, aunque ha resistido o, mejor dicho, ha ido tirando durante mucho tiempo, se ha venido abajo de la noche a la mañana. En un barco se pueden tapar vías de agua por aquí y por allá, pero cuando el maderamen cede y la nave se va a pique, no hay nada que hacer. Con los ancianos sucede algo parecido; podemos paliar y tratar la debilidad durante un tiempo, pero cuando el cuerpo se deteriora como la estructura de un edificio podrido y mientras apuntalamos una parte se derrumba otra, hay que empezar a pensar en mudarse.

A pesar de todo, nuestro amigo Baso no ha perdido el ingenio que le caracteriza. La filosofía le ha enseñado a ponerle buena cara a la muerte, a soportar el dolor con fortaleza de ánimo y a no rendirse aunque se rinda el cuerpo. Un buen marino sabe navegar con la vela rasgada y mantener el rumbo con la arboladura rota. Pues bien, eso es precisamente lo que hace Baso. Ve acercarse el fin con una actitud que parecería demasiado distante incluso si estuviera mirando el de otra persona. Saber marcharse en paz cuando llega la hora es una gran virtud, Lucilio, y se tarda toda la vida en adquirirla.

Hay formas de morir que dejan un resquicio a la esperanza: una enfermedad que se cura, un incendio que se extingue, una casa que se derrumba y perdona de pronto a quienes iba a sepultar, el mar que escupe a los náufragos con el mismo ímpetu con el que se los había tragado, un soldado que no hunde el acero en el cuello del vencido... En cambio, no cabe esperanza ni indulto para el anciano al que la vejez conduce a la muerte. No hay partida más larga ni más lenta.

Durante la visita tuve la sensación de que Baso amortajaba su propio cadáver, asistía a su propio funeral, se sobrevivía a sí mismo y llevaba su duelo con la templanza del filósofo. Habla sobre la muerte con frecuencia y la acepta con tanta serenidad que he salido de su casa convencido de que las inquietudes y temores que provoca no son culpa de la muerte sino de quien muere. Ni la muerte ni el más allá deben ser motivo de angustia. Sufrir por algo que no causa sufrimiento es tan insensato como quejarse por algo que no causa dolor. ¿Crees que sentiremos aquello que acaba con las sensaciones? «Por lo tanto —concluye Baso—, si la muerte no es algo malo, temerla como se teme a lo malo no es racional.»

De este tema se habla mucho, y está bien que así sea, pero la verdad es que a mí no me ha servido de nada cuanto he leído en los libros u oído de boca de quienes nada tenían que temer. Por el contrario, sí que concedo autoridad a las palabras de quien habla mientras le ronda la muerte. Para mí es más valiente quien se está muriendo que quien tiene la muerte cerca. El trance de la muerte concede entereza para enfrentarse a lo inevitable hasta al más temeroso, como ese gladiador cobarde que acaba por ofrecerle el cuello al contrincante e incluso, si ve que flaquea, le ayuda a clavarle la espada. Por el contrario, la cercanía de la muerte no garantiza la firmeza de carácter constante y poco común de la que solo el filósofo puede hacer gala. Por eso he escuchado con placer los juicios y opiniones sobre la naturaleza de la muerte de Baso, que la observa bien de cerca. Supongo que si alguien volviera a la vida y te asegurara por experiencia que no hay de qué preocuparse, le creerías sin vacilar. Por lo tanto, convendrás conmigo que los más aptos para describir la angustia que produce su llegada son quienes la ven acercarse, se enfrentan a ella e incluso la reciben de buen grado.

Baso es uno de ellos. No pretende engañar a nadie. Para él, temer a la muerte es tan necio como temer a la vejez, ya que la muerte sucede a la vejez como esta a la juventud. En el fondo, quien no quiere morir no quiere vivir, pues el don de la vida trae implícito el límite de la muerte. Nos dirigimos a ella sin remedio, por eso es de necios temerla. En realidad, ese temor lo provoca la incertidumbre. Lo seguro va a suceder, eso lo sabe cualquiera, así que solo cabe esperarlo. La muerte es un requisito justo e ineludible. ¿Por qué lamentarse de tener que cumplir con aquello de lo que nadie se libra? La primera condición de la justicia es la igualdad. No es momento ni lugar de abogar por la Naturaleza, que acata la misma ley a la que nos somete y crea, destruye y crea de nuevo. Si alguien tiene la suerte de que la vejez no le arrebate la vida de golpe, sino que lo libere de ella poco a poco y con gentileza, que dé gracias a los dioses de todo corazón porque, tras vivir plenamente, lo han conducido a ese descanso que tanto necesitan los seres humanos y tanto agradecen los exhaustos.

No es raro ver a gente que desea morir con más fervor que quien suplica por su vida. No tengo muy claro si da mejor ejemplo de entereza el que implora la muerte o el que la espera imperturbable. El primero suele ser víctima de la ira o de alguna clase de enajenación repentina. El segundo, en cambio, goza de una serenidad que nace de la grandeza de espíritu. Son muchos los que mueren a causa de la cólera, pero solo reciben a la muerte con alegría quienes la estudian durante toda la vida.

Últimamente he visitado a menudo a nuestro amigo Baso por varios motivos y uno de ellos es la curiosidad de saber si lo encontraré como siempre o si, a medida que le abandonen las fuerzas, su vigorosa voluntad irá disminuyendo. Ha sido sorprendente y agradable constatar que, por el contrario, aumentaba como la alegría en el rostro del auriga que se sabe victorioso en la séptima vuelta. El estudio del pensamiento de Epicuro le ha enseñado a confiar en que el último aliento será indoloro, pero afirma que, si no lo fuera, saber que será breve lo consuela, pues el dolor intenso nunca dura mucho. Además, siguiendo el mismo razonamiento, dice que, si la separación entre el alma y el cuerpo resulta un tormento, es un alivio saber que una vez que termine ya nunca más sentirá dolor. Añade además que está seguro de que su alma de viejo le asoma ya por entre los labios, de modo que no habrá que hacer mucha fuerza para sacársela del cuerpo. El incendio descontrolado se apaga con agua y escombros, pero el fuego sin combustible se extingue por sí mismo. He escuchado sus palabras con placer, Lucilio, no por originales, sino por verdaderas. Ya sabes que he sido testigo del suicidio de mucha gente. Los más admirables han sido quienes recibían a la muerte sin odio a la vida y quienes aceptaban su llegada sin ir a su encuentro. Baso siempre ha dicho que el tormento que experimentamos nos lo provocamos nosotros mismos echándonos a temblar en cuanto creemos que nos ronda la muerte, sin darnos cuenta de que, en realidad, la tenemos al lado en todo momento, siempre dispuesta, siempre a la espera. «No olvidemos —decía—, que cada vez que creemos que nos acecha la muerte, se nos olvidan otros peligros que quizá estén incluso más cerca. Más de una vez ha pasado que una simple indigestión se adelanta al enemigo que ha jurado acabar con nosotros.»

Si separamos en categorías los motivos del temor, veremos que unos son reales y otros solo lo parecen. En realidad, lo que nos da miedo no es morir, sino la idea de morir. La muerte siempre está igual de cerca, así que, si hemos de temerla, habremos de temerla siempre, ya que no hay un solo momento en que no se esté sometido a su poder.

Sin embargo, me preocupa que acabes odiando las cartas tan largas como esta más que a la propia muerte, así que me despido con un último consejo: si no quieres temer nunca a la muerte, piensa siempre en ella.

Adiós. (*Epístolas* 30)

No hay gloria en morir, sí en hacerlo con entereza [...]. No se elogia a la muerte, sí a quien entrega el alma sin doblegarse [...]. La misma muerte, gloriosa en el caso de Catón, fue mezquina y deshonrosa en el de Décimo,[3] que, cuando iba a ser ajusticiado, pidió un momento para hacer sus necesidades y, cuando le ordenaron entregar el cuello al acero, respondió: «Te lo cambio por mi vida». ¡Qué necedad huir cuando no hay escapatoria! «Te lo cambio por mi vida...» Solo le faltó añadir: «Aunque sea sirviendo a las órdenes de Marco Antonio». ¿Quién le perdonaría la vida a semejante personaje?

Como te decía, la muerte no es en sí misma ni buena ni mala. Catón la aprovechó para hacer gala de su virtud, Décimo le dio uso más vergonzoso. La virtud otorga gloria a lo que no la tiene [...]. El metal no es ni caliente ni frío; la fragua lo calienta y el agua lo enfría. La dignidad, es decir, la virtud y el desprecio de las apariencias, es lo que nos permite morir dignamente.

Pero atención, Lucilio, que también existen diferencias entre las cosas que consideramos *intermedias* entre lo bueno y lo malo. La muerte, por ejemplo, no es algo *indiferente*[4] como tener un número par o impar de pelos en la cabeza. La muerte, sin ser mala, lo parece. Tenemos muy arraigado el amor por nosotros mismos y el instinto de supervivencia, así como el odio innato a desaparecer, que nos despoja de muchas virtudes y recursos a los que estamos acostumbrados. Otro de los motivos de tanta desazón es que conocemos el mundo que habitamos, pero no aquel al que nos dirigimos, y lo desconocido nos aterra. También hay que tener en cuenta el miedo natural a esa oscuridad en la que creemos que nos sumirá la muerte. Ya ves que, por muy *indiferente* que la consideren algunos, no es asunto que podamos tomarnos a la ligera. Para aprender a afrontarla y aceptar el hecho de que cada día está más cerca, hace falta ejercitar el espíritu con asiduidad y firmeza.

Otra cosa que deberíamos aprender es a despreciarla. Piensa en la cantidad de mentiras que nos creemos ciegamente sobre ella y en cuántos ingenios compiten por inventar otras nuevas y en esas descripciones de mazmorras subterráneas y de un reino tenebroso en el que

> El enorme perro guardián de los
>   infiernos
> yace sobre un lecho de huesos a medio
>   roer
> en una gruta salpicada de sangre,
> y sus eternos ladridos llenan de horror
> a las pálidas sombras de los condenados.[5]

Por desgracia, incluso si crees que estas cosas son fábulas y que nada queda en el más allá para asustar a los muertos, un terror diferente se cuela: la gente tiene tanto miedo de estar en el inframundo como de no estar en ninguna parte.

Habida cuenta de la colección de horrores que nos inculcan desde la infancia, ¿quién duda de que morir con serenidad es uno de los logros más elevados del espíritu humano? Quien crea que la muerte es algo malo nunca se esforzará por alcanzar la virtud. Eso es tarea exclusiva de quien la considera indiferente.

(*Epístolas* 82:10-17)

Es necesario sentir dolor, pasar hambre y sed y envejecer; si te toca en suerte andar muchos años por este mundo, es necesario padecer enfermedades, perder seres queridos y, finalmente, morir. Pero, visto que nada de eso es malo, dañino o intolerable, lo que no es necesario es prestar atención a la palabrería de quienes te rodean. El miedo que sienten es una especie de acuerdo general, una convención, que te obliga a temer a la muerte como se teme al qué dirán, cuando pocas cosas hay más ridículas que temer a las palabras. Nuestro común amigo Demetrio[6] siempre dice que la verborrea de los necios procede del mismo lugar que sus ventosidades. «¿Qué más me da que salgan por arriba o por abajo?», pregunta.

Preocuparse por que te desprecien los despreciables es una absoluta insensatez. Por el mismo motivo, igual que no hay razón para preocuparse por el qué dirán, tampoco la hay para temer lo que nos produce temor solo porque lo dice la gente. ¿Puede un rumor perjudicar a una persona virtuosa? Con la muerte sucede algo parecido. Corren muchos rumores sobre ella, pero no te confundas: quienes tanto la calumnian no la conocen y criticar a los desconocidos es pura arrogancia. Además, bien sabes a cuántos ha ayudado la muerte, a cuántos ha librado de la tortura, de la pobreza, de la tristeza, de las penalidades, del hastío. Mientras tengas a la muerte en tu poder, nadie tendrá poder sobre ti.

(*Epístolas* 91:18-21)

El siguiente fragmento contiene una descripción de la esfera celeste de la contemplación serena en la que mora el espíritu del filósofo. En la parte final, Séneca hace gala de su destreza en la analogía, una de sus habilidades retóricas más sobresalientes.

En ese plano sublime, el espíritu descubre que el cuerpo es una carga ineludible que debe cuidar, pero no servir, y deja de someterse a algo que, en realidad, está bajo su poder. La persona libre no es esclava del cuerpo ni de los demás tiranos intransigentes y caprichosos que le salen al paso a quien se preocupa en exceso por el mundo físico. El espíritu de la persona serena sale del cuerpo, el de la persona sabia[7] escapa de él sin preguntarse qué será de sus restos. A nadie le importa el cabello cuando se lo corta o la barba cuando se la afeita: al espíritu que abandona la forma humana le importa el destino del envoltorio físico que lo alberga —ya [lo consuma][8] el fuego, lo cubra la tierra o lo devoren las fieras— tan poco como a un recién nacido la placenta.

3. NO TENGAS REMORDIMIENTOS

En la Consolación a Marcia, *la obra más antigua del autor que ha llegado hasta nuestras manos, Séneca se marca el difícil objetivo de convencer a una madre de que no sufra por la pérdida de un joven hijo. En esta y otras obras, el autor esgrime varios argumentos para demostrar que el valor que damos a la longevidad y la sensación de pérdida que nos produce la muerte temprana son, en esencia, un error.*

«¡Qué joven se me ha muerto! ¡Si no era más que un chiquillo!», te lamentas, Marcia. Pero supongamos por un momento que hubiera vivido más, incluso que hubiera alcanzado el máximo de años que puede vivir un ser humano. ¿De cuántos hablamos en realidad? Nacemos, vivimos apenas un instante y ya estamos cediendo el sitio a los que vienen detrás [...]. Y te hablo solo de la vida humana, que, [como sabes],[1] pasa volando. Piensa en las ciudades, incluso las que presumen de antiguas, y verás qué poco tiempo llevan en pie. Lo humano es breve, fugaz, apenas si cuenta en la inmensidad del tiempo. Nuestro planeta y el océano que lo circunda, las ciudades, los pueblos y los ríos son naderías en comparación con la enormidad del universo. La vida no es nada si la comparamos con la inmensidad del tiempo, que es más antiguo que este planeta que tantas veces ha renacido en su seno.[2] ¿Qué sentido tiene entonces empeñarse en prolongar algo que, por mucho que lo estiremos, durará apenas un instante? La única manera de asegurarse una vida larga es conformarse con lo que dure. Reúne una lista de gente de edad legendaria e incluye también a los que la muerte alcanzó a los ciento diez años. Pero después, detente a considerar la longitud inabarcable del propio tiempo y llegarás a la irrefutable conclusión de que, si comparas los años que ha vivido una persona con los que no ha vivido, no hay diferencia entre la vida más larga y la más corta.

(*Consolación a Marcia* 21:1-3)

En las siguientes cuatro cartas, que reproducimos íntegras o en su mayor parte, Séneca argumenta que la vida no se mide en años sino en calidad y que tratar de alargarla no es un objetivo deseable de por sí. Este razonamiento, tan sencillo como difícil de aceptar, es uno de los puntos clave de la filosofía de Séneca. Las sensaciones físicas y otros tipos de gozo tienen un fin natural que produce placer. Debemos aprender a sentir lo mismo por la vida. El autor afirma haberlo conseguido.

Querido Lucilio:

Que cese de una vez por todas el deseo. Me niego a perseguir de viejo lo mismo que de joven. Hoy, el único objetivo de mis días y de mis noches, mi única meta y mi único cometido es corregir mis defectos. Que cada día cuente como una vida entera. Por Hércules que no me aferraré a él como si fuera el último, sino que me esforzaré en pensar que bien puede serlo. Con ese ánimo te escribo; como si a mitad de esta carta viniera la muerte a buscarme. Que venga. Sé disfrutar de la vida porque he aprendido a no preocuparme por cuánta me queda.

De joven practiqué el arte de vivir. De viejo practico el de morir. El arte de morir consiste en morir de buen grado [...]. Por lo tanto, cultivemos el espíritu para soportar lo que venga y sobre todo para aceptar el fin sin tristeza. Es más importante prepararse para la muerte que para la vida. Aunque nunca dejemos de ansiar la plenitud y siempre sintamos que nos ha faltado algo, hemos vivido una vida plena. Eso le sucede a todo el mundo. El tiempo no determina si hemos vivido lo bastante. Eso es tarea exclusiva del espíritu. Queridísimo Lucilio, he vivido lo bastante, así que aguardo la muerte satisfecho.

Adiós. (*Epístolas* 61)

Tulio Marcelino, a quien conociste bien, aquel joven taciturno que envejeció de pronto al contraer una enfermedad que, aunque no incurable, sí fue larga, dolorosa y molesta, comenzó un día a plantearse el suicidio, así que reunió a un nutrido consejo de amigos. Los apocados le aconsejaron lo que se hubieran aconsejado a sí mismos, mientras que los lisonjeros le dijeron lo que pensaban que quería oír. Por su parte, un filósofo estoico amigo nuestro,[3] persona extraordinaria y, por describirla como merece, valiente y resuelta, le ofreció lo que a mi entender es el mejor consejo: «Marcelino, amigo mío, no te atormentes como si te trajeras entre manos un asunto muy trascendental, porque la vida no lo es. Fíjate que hasta los esclavos y el ganado tienen vida. Ahora bien, morir con valor, serenidad y entereza, eso sí que es trascendental. Considera cuánto tiempo llevas encerrado en ese ciclo del que nadie escapa: comes, duermes, amas... Por eso, la muerte no solo le apetece a la persona sabia, a la valiente o a la desgraciada, sino también a la que simplemente está ya harta».

A partir de ese momento, Marcelino no necesitó ya un consejero sino un ayudante. Los esclavos se negaban a obedecer,[4] así que [el filósofo estoico] les explicó que el servicio doméstico no tenía nada que temer cuando estaba claro que la muerte del amo de la casa había sido voluntaria. Como en aquel caso no cabía duda alguna, señaló, evitarle la muerte era igual de malo que asesinarlo. Después habló de nuevo con Marcelino y le aconsejó que, igual que al final de una cena se reparten las sobras entre los invitados, ahora que le llegaba el final de la vida no era mala idea repartir regalos entre quienes le habían servido fielmente. Marcelino, siempre generoso y tolerante incluso a despecho de su propia fortuna, no solo distribuyó dinero entre los afligidos esclavos, sino que además les dedicó palabras de consuelo.

No hubo que recurrir al acero ni se derramó una gota de sangre. Después de pasar tres días en ayunas, ordenó que le montaran un biombo en el dormitorio e hizo traer una bañera en la que se acostó mientras los esclavos vertían agua caliente sin cesar hasta que, poco a poco y, según comentó, no sin cierto placer (ese placer que provoca la leve pérdida de conciencia y que yo conozco tan bien)[5] abandonó este mundo.

Sé que me he ido un poco por las ramas, pero creo que el relato no te habrá disgustado porque gracias a él has sabido que las últimas horas de tu amigo no fueron difíciles ni dolorosas. Decidió quitarse la vida, pero lo hizo de la manera más dulce y sencilla, y se escapó sin hacer ruido. También creo que te habrá servido de ejemplo, pues la necesidad nos coloca en situaciones parecidas con frecuencia. A menudo quienes deben morir se resisten y quienes se están muriendo se niegan a aceptarlo. Hasta el más ingenuo sabe que un día tendrás que morir y, sin embargo, cuando se acerca la hora, comienzan las excusas, los lloros y las súplicas. ¿No es estúpido lamentarse por no haber vivido mil años antes de nacer? Pues igual de estúpido es lamentarse por no vivir mil años más. Las dos cosas son lo mismo. Después de morir no existiremos, igual que no existíamos antes de nacer. No somos dueños de lo de antes ni de lo de después. Caemos en este fugaz instante que llamamos vida. ¿Cuánto crees poder prolongarlo? ¿A qué vienen tantas lágrimas? ¿Qué pretendes? Patalea cuanto quieras, que no te servirá de nada.

No esperes cambiar los designios de los dioses a golpe de plegarias.[6]

[Los designios de los dioses] los dicta la necesidad inmensa y eterna. Cuando dejes de existir acabarás donde acaba todo lo que existe. ¿No sabes que esta es la ley que gobierna el universo? La han acatado tu padre, tu madre, tus antepasados, todos los que te precedieron y todos los que te seguirán. Un vínculo indestructible e inalterable arrastra y somete a todos los seres. ¡Cuántos mortales seguirán tus pasos! ¡Cuántos compartirán contigo el mismo trance! Quizá creas que la muerte sería más llevadera si murieran al mismo tiempo que tú miles de personas y animales. Eso se debe a que, en realidad, no te das cuenta de que mientras tú vacilas, miles de personas y animales exhalan el último aliento de mil maneras diferentes. ¿Creías que te ibas a librar de ponerte en camino un buen día hacia ese sitio al que te diriges desde tu primer paso? No hay viaje sin final.

Me imagino que crees que ahora ilustraré mis palabras relatándote la muerte de unos cuantos hombres ejemplares. No lo haré. En su lugar mencionaré solo a un joven, a un muchacho espartano del que cuenta la leyenda que, al caer prisionero de sus enemigos, gritó: «¡No seré vuestro esclavo!». No tardó en cumplir su palabra. La primera vez que le ordenaron la indigna y servil tarea de retirar un orinal, se lanzó contra un muro y se abrió el cráneo. La libertad está tan a mano que me resulta inconcebible que haya esclavos. ¿Preferirías que tu hijo muriera como aquel joven o verlo envejecer hecho un cobarde? ¿Qué te preocupa, cuando hasta un niño es capaz de morir con valentía?

Pensemos por un momento que te niegas a seguir su ejemplo de forma voluntaria: lo harás por la fuerza. Por lo tanto, hazte con las riendas de lo que parece estar en mano ajena y grita como el joven espartano: «¡No seré vuestro esclavo!». Infeliz, vivir sin valentía es esclavitud; esclavitud de la gente, esclavitud de las cosas, esclavitud de la propia vida. ¿Para qué aplazar lo inevitable? Ya has gozado de todos y cada uno de los placeres que te amarran a la vida.[7] No queda nada nuevo, estás tan saciado que todo te harta, todo te hastía. Conoces tan bien el sabor el vino como el del mosto. Da igual que te bebas cien ánforas o mil, no eres más que un odre. Lo mismo digo de la ostra y el salmonete. Has sido tan sofisticado que no te queda un solo placer para los años venideros y, sin embargo, por mucho que no quieras, precisamente de esas cosas te verás privado.

¿De qué otras cosas no quieres prescindir? ¿La amistad? ¿Acaso dominas ese arte? ¿La patria? ¿Eres capaz siquiera de retrasar la cena por defenderla? ¿El sol? Lo apagarías como una vela si pudieras. ¿Qué has logrado que fuera digno de su luz? No me vengas con que lo que te ata a este mundo es el Senado, el foro o el amor por la naturaleza. Te marchas de mala gana de un mercado cuyas existencias has agotado. Dices temer a la muerte, pero bien que la desprecias mientras consumes una ración de setas.[8] Quieres vivir, pero no sabes cómo. Temes morir, pero no sabes por qué. ¿No te das cuenta de que la verdadera muerte es vivir así?

Paseaba Calígula por la Vía Latina cuando uno que iba en una larga hilera de presos atados a una cuerda con la barba tan crecida que le llegaba por el pecho le suplicó la muerte. «¿De verdad crees que estás vivo?», le respondió Calígula. Que se apliquen el cuento las personas para las que la muerte es un beneficio: «Temes morir, pero ¿crees que estás vivo?».

No faltará quien discrepe diciendo: «pero es que yo quiero vivir para seguir haciendo buenas obras. No quiero dejar de cumplir los deberes de la vida con fidelidad y diligencia». Ese no quiere enterarse de que uno de esos deberes es morir. Además, no hay una cuota fija de buenas obras, así que tampoco se deja ninguna por hacer.

La vida es breve por definición. Si examinas la naturaleza del universo, verás que lo fueron incluso la de Néstor y la de Satia, la anciana que hizo grabar en su lápida que había vivido noventa y nueve años. Ahí tienes a una que presumía de longeva. ¿Quién la habría podido soportar si hubiese llegado a cumplir los cien?

La vida es una comedia. Lo importante es que los actores sean buenos, no que dure mucho. Da igual cuándo salgas de escena. Sal cuando quieras, pero eso sí, con un parlamento[9] bien dicho.

Adiós. (*Epístolas* 77:5-20)

Querido Lucilio:

Te lamentas en tu última carta de la temprana muerte del filósofo Metronacte. Echo en falta en ella tu típica ecuanimidad, que tan bien aplicas a asuntos y personas, pero que en este caso, como suele suceder a los que tratan este tema, brilla por su ausencia. Me cruzo a diario con gente capaz de ser ecuánime con los seres humanos, pero nadie lo es con los dioses. Por el contrario, nos pasamos el día haciendo reproches al destino. ¿Por qué se ha llevado a Fulano en la flor de la vida y no a Mengano, cuya vejez, molesta para sí mismo y para quienes le rodean, no parece terminar nunca?

¿Qué te parece más lógico, someterte tú a la Naturaleza o que ella se someta a ti? ¿Qué importa lo rápido que partas de un lugar del que partir es inevitable? Lo importante no es que los años sean muchos, sino que sean plenos. La longevidad depende del destino, pero la plenitud depende del espíritu. La vida siempre es larga cuando se vive plenamente, y eso se logra cuando el espíritu se controla y se hace bien a sí mismo. ¿De qué sirven ochenta años de holgazanería? Eso no es vivir, eso es estar vivo. Eso no es morir tarde, eso es tardar en morir. «Ha vivido ochenta años», dicen de uno. De acuerdo, pero que conste que lo que cuenta es cuándo lo damos por muerto. «Ha muerto en la flor de la vida», dicen de otro. Cierto, pero supo ser buen ciudadano, buen amigo y buen hijo, y siempre cumplió con su obligación. Su vida fue breve, de acuerdo, pero plena. «Ha vivido ochenta años.» Falso, *ha estado en el mundo* ochenta años, a no ser que convengamos que vivir es eso que hacen los árboles [...].

En lo que a mí respecta, no pienso rechazar los años de más que se me concedan, pero si muriera mañana, diría que he sido feliz. No he perdido el tiempo esperando ese día fatídico al que me emplazaba la angustiada esperanza, sino que, por el contrario, lo he aprovechado pensando que cada día podría muy bien ser el último [...].

Igual que en un cuerpo pequeño cabe un ser humano perfecto, en un breve intervalo de tiempo cabe una vida plena. La duración de la vida no depende de nosotros, pero la plenitud con la que vivamos el tiempo que se nos conceda es responsabilidad nuestra. Exígeme vivir intensamente cada día y que la vida no me pase de largo, prohíbeme pasar los años en una existencia oscura y rodeado de sombras.

¿Quieres saber quién vive más? Quien alcanza la sabiduría. La vida de quien logra esa meta no es más larga, sino mejor. Que se sienta orgulloso de sí mismo con razón y dé gracias tanto a los dioses como a sí mismo, y además conceda el mérito de su existencia a la Naturaleza, a la cual devolverá más de lo que recibió. Esa persona ha mostrado al mundo cómo es el ser humano perfecto, cuál es su calidad y cuál su grandeza. Cualquier tiempo añadido[10] habría sido una repetición de lo anterior.

¿Cuánto seguiremos con vida?[11] Hemos disfrutado del estudio de la naturaleza, hemos investigado sus orígenes, sabemos cómo se organiza el universo, cómo dispone la alternancia de las estaciones, cómo contiene en sí todo lo que llegará a ser y cómo se fija sus propios límites. Hemos aprendido que los astros viajan por su propio impulso y que los cuerpos celestes, salvo la Tierra, son dinámicos y se mueven a una velocidad constante. Sabemos cómo y por qué la luna adelanta al sol, aunque sea más lenta, de dónde procede su luz y cómo la pierde, qué causa la llegada de la noche y qué nos devuelve el día. Nos espera un viaje[12] en el que veremos todo eso más de cerca.

Dice el sabio: «Lo que me da valor para partir no es la creencia de que camino derecho a la morada de los dioses. Merezco su compañía y, de hecho, ya he gozado de ella. Les he enviado el espíritu y ellos me han enviado el suyo. No obstante, abandonaría el mundo con la misma serenidad si, por el contrario, tras la muerte viniera la desaparición de mi naturaleza humana y resultara que quien muere no va a ninguna parte [...].

¿Te parece más feliz el gladiador que muere el último día de los juegos que el que cae en los centrales?[13] Así de breve es el intervalo que separa la muerte de unos de la de otros. A todos nos atrapa. El asesino le pisa los talones a la víctima. Lo que más nos angustia es lo que menos importancia tiene. ¿Qué importa durante cuánto tiempo consigues esquivar lo ineludible?

Adiós. (*Epístolas* 93)

Querido Lucilio:

Cada día, cada hora que pasa nos demuestra que no somos nada y trae nuevas razones para convencer de eso a quienes olvidan su propia fragilidad. Así es como el tiempo obliga a prestar atención a la muerte a quienes planean proyectos eternos. Te preguntarás a qué viene esta perorata. Supongo que no has olvidado al distinguido y trabajador Cornelio Senecion. Aunque era de orígenes humildes, había prosperado gracias a su propio esfuerzo y sus éxitos futuros eran ya cuestión de tiempo, pues el prestigio social es más fácil aumentarlo que adquirirlo. Con el dinero sucede algo parecido, pues no empieza a multiplicarse hasta que escapamos de la pobreza. El caso es que Senecion estaba a punto de hacerse rico, sobre todo gracias a dos grandes virtudes: la astucia para ganar dinero y la capacidad para conservarlo. Una sola le habría bastado para hacerse millonario. Pues este hombre frugal, cuidadoso de su cuerpo y de su patrimonio, vino a verme de mañana como era su costumbre,[14] visitó a un amigo gravemente enfermo durante el resto de la jornada y por la noche, mientras disfrutaba de una alegre cena, sufrió de pronto una angina de pecho fulminante y al amanecer había muerto tras pocas horas de angustiosa asfixia. Así que ya ves, apenas cumplidas las tareas cotidianas de un hombre sano y cabal, se fue al otro mundo. Aquel que hacía negocios por tierra y mar y que, por atreverse a sacar dinero de donde lo hubiera, ya le adjudicaban proyectos de obras públicas, murió cuando más le sonreía Fortuna y casi diríamos que le llovía el dinero.

Siembra los perales, Melibeo, y las filas
de vides.[15]

¡Qué necedad andarse con proyectos cuando no somos dueños ni del día de mañana! ¡Qué locura albergar esperanzas a largo plazo! «Invertiré en esto, construiré aquello, prestaré dinero y cobraré deudas, me labraré una reputación y después me retiraré y viviré una larga y placentera vejez.» Escúchame bien, Lucilio, el mundo es incierto hasta para los favoritos de Fortuna. No debería estarnos permitido planear para mañana. Lo que sostenemos en las manos se nos escurre entre los dedos y el azar nos arrebata esa hora a la que nos aferramos con todas las fuerzas. El tiempo obedece leyes fijas que no comprendemos. ¿Qué me importa que para la Naturaleza sea transparente lo que para mí es turbio? Planeamos navegar por los siete mares para regresar un día a la patria tras recorrer lejanas tierras; planeamos servir en el ejército pensando que algún día se nos recompensará por nuestros esfuerzos; planeamos conseguir cargos públicos, y entretanto tenemos a la muerte siempre al lado. Y dado que solo nos acordamos de que somos mortales cuando mueren los demás, la conciencia de que un día nos tocará a nosotros dura lo que dura la sorpresa por el luto ajeno.

Ahora bien, ¿qué locura es esa de espantarse porque un buen día suceda lo que puede suceder cualquier día? La inflexible necesidad del destino ha fijado nuestro fin, pero no sabemos lo cerca o lo lejos que estamos de la meta. En consecuencia, preparemos el espíritu como si estuviéramos a un paso del final [...].

Así pues, Lucilio, aprovecha el tiempo y piensa que la vida empieza y acaba cada día. Quien se acostumbra a pensar así, quien vive cada día con plenitud, se libera de la incertidumbre. En cambio, a quienes viven para la esperanza se les escapa el ahora y se adueña de ellos la codicia y el miedo a la muerte, que es a la vez la causa y la peor de todas las desgracias. De ese miedo procede la vergonzosa súplica de Mecenas,[16] que aceptó la mutilación, la deformidad y los tormentos de la cruz a cambio de conservar la vida.

> Córtame los brazos,
> córtame los pies,
> rómpeme las espaldas,
> sácame los dientes.
> Nada me importa.
> Pero déjame con vida
> aunque sea clavado en una cruz.[17]

En estos versos, Mecenas expresa un deseo horrible y pide que se prolongue la tortura. ¡Como si eso fuera vivir! [...]. Y pensar que un día Virgilio le recitó este verso:

¿Tan terrible desgracia es la muerte?[18]

Mecenas pide el peor de los suplicios, y está dispuesto a que le prolonguen el sufrimiento. ¿A cambio de qué? A cambio de una vida más larga, claro está. Pero en el fondo, ¿qué es vivir sino ir muriendo? ¿Quién puede preferir que lo torturen, lo mutilen, morir a plazos y que se le vaya la vida gota a gota entre dolores horribles en vez de exhalar de una sola vez el último aliento? ¿Quién puede desear que lo claven en el terrible madero, quebrantado, magullado con el pecho y la espalda deformados y cargado de razones para morir, aunque no lo fueran a crucificar, con tal de prolongar una vida que es solo la prolongación del tormento?

A la vista de este ejemplo, atrévete a negarme que la muerte inevitable que la naturaleza nos impone es una bendición. Pues todavía hay quien está dispuesto a llegar a acuerdos más viles: traicionar a los amigos a cambio de un poco más de tiempo o entregar a sus propios hijos a asesinos y violadores con tal de volver a ver la luz de un sol que será el testigo de su infamia.

Hay que aprender a desapegarse de la vida, hay que aprender que da igual cuándo nos toque sufrir lo que inexorablemente tendremos que sufrir. Lo que importa no es vivir mucho, sino vivir bien. Por desgracia, a menudo vivir *bien* implica no vivir mucho.[19]

Adiós. (*Epístolas* 101)

4. LIBÉRATE

En el siguiente fragmento, Séneca trata de nuevo de consolar a Marcia por la muerte de su hijo adolescente. En cierto momento también hace referencia a su padre, que unos años antes se había dejado morir de hambre para burlar la persecución del emperador Tiberio. Murió mientras sus colegas del Senado votaban su ejecución. Este tipo de muerte voluntaria cuyo objetivo es escapar de la ejecución impuesta por un poder superior cobraría un significado más profundo para el propio Séneca durante el reinado de Calígula, época en la que es probable que compusiera la Consolación a Marcia, *y de nuevo en la segunda mitad del de Nerón, cuando escribió las* Epístolas. *Ambos emperadores eran propensos a la paranoia y obligaron*

a numerosos ciudadanos sospechosos de traición, entre
los que finalmente estaría el propio Séneca, a elegir
entre el suicidio o la ejecución y expropiación del patri-
monio. Este patrón recurrente en ambos gobernantes
hizo que Séneca concibiera el suicidio como una vía de
autoliberación.

¡Qué poco saben de la desdicha quienes no elogian a la muerte ni la consideran el recurso más refinado del que nos ha dotado la Naturaleza! Ya sea que acabe con la felicidad o aleje el desastre; ya sea que ponga fin a la tristeza y los dolores del anciano o que siegue la flor de la juventud que espera cosas mejores o cuando se lleva al adolescente antes de que se desvíe por el mal camino, es el fin para todos, el remedio para muchos, y para algunos, la respuesta a sus plegarias, y lo que más agradece quien la recibe sin haberla invocado.

La muerte libera al esclavo del amo odioso; aligera los grilletes de los cautivos; excarcela a los prisioneros de los gobernantes despiadados; demuestra a los exiliados, siempre añorando y suspirando por su patria, que no importa en qué nación construya uno su hogar; todo lo iguala, cuando la Fortuna reparte mal lo que es de todos y favorece más a uno que a otro, aunque ambos hayan nacido con los mismos derechos;[1] es el momento a partir del cual ya nunca más obedeceremos la voluntad de nadie; es el estado en el que nadie es consciente de su baja condición y es el camino abierto a todo el mundo. La muerte, oh, Marcia, es el fin que con tanta alegría recibió tu padre.

Yo afirmo que la muerte es lo que hace que nacer no sea un tormento, lo que me permite soportar los reveses de la desdicha, lo que ayuda a mantener la razón intacta y bajo control, pues siempre puedo apelar a ella. Allí veo los instrumentos de la tortura, y no son todos iguales, que cada cual ha inventado su favorito: unos cuelgan a sus víctimas cabeza abajo; otros las hacen empalar; otros las crucifican.[2] Más allá veo las «liras»[3], veo los látigos y los instrumentos diseñados para cada miembro, para cada articulación,[4] pero también veo a la muerte. Y más allá, veo enemigos sanguinarios y conciudadanos odiosos, pero también allí veo a la muerte. La esclavitud deja de ser una condena cuando sabes que si tu amo te repugna no tienes más que dar un paso para cruzar al país de la libertad. Si te tengo aprecio, oh, vida, es gracias a la bendición de la muerte.

(*Consolación a Marcia* 20:1)

El siguiente fragmento procede de El arte de mantener la calma, *uno de los primeros tratados del autor, y contiene la identificación más impresionante del suicidio con la libertad individual. Lo precede el relato de los desmanes de dos tiranos de Oriente Medio, Cambises y Astiages, contra sus principales consejeros. El primero mató al hijo de Prexaspes usándolo como diana para el tiro con arco, mientras que el segundo sirvió a Harpago un estofado con la carne de su propio hijo. Los dos relatos y la reacción del autor ante ellos adquieren especial importancia si tenemos en cuenta que Séneca se convertiría en consejero principal del joven Nerón quizá poco después de redactar el tratado.*

No se trata aquí de instar a los lectores a soportar el capricho de los verdugos. Se trata de demostrar que, por muy pesada que sea la esclavitud, el camino a la libertad está siempre abierto. El espíritu abyecto y extraviado por sus propios defectos puede poner fin a sus sufrimientos. A quien se encuentra bajo el poder de un rey que dispara flechas al pecho de sus amigos u obliga a un padre a comerse las entrañas de su hijo, le digo: «¿Por qué te lamentas, insensato? ¿Esperas que venga un enemigo a liberarte, arrasando tu propio país, o que un rey de tierras lejanas te ampare bajo su ala? El fin de tus tribulaciones está siempre a mano. ¿Ves aquel precipicio? Por él se baja a la libertad. ¿Ves aquel mar, aquel río, aquel pozo? En el fondo está la libertad. ¿Ves aquel árbol pequeño, retorcido y miserable? De sus ramas cuelga la libertad. Mírate el cuello, la garganta, el corazón... Por ellos se escapa de la esclavitud. ¿Te parecen estas salidas demasiados difíciles, te exigen demasiada determinación y fuerza de voluntad? Si es así y aún preguntas dónde está el camino hacia la libertad, mi respuesta es que lo tienes en cada vena del cuerpo.

(*El arte de mantener la calma* 3:15:3)

Séneca menciona a menudo la muerte de Marco Porcio Catón, casi un siglo antes de su época, como modelo de liberación mediante el suicidio. Catón, firme creyente en el estoicismo, se había enfrentado a Julio César tanto en el Senado como en el campo de batalla, con el objetivo de evitar que impusiera la autocracia en Roma. Tras su decisiva derrota en la batalla de Útica, en el Norte de África, Catón se retiró a una habitación, donde se clavó su propia espada. Sus compañeros lo encontraron aún vivo y trajeron a un médico que suturó la herida, pero el decidido Catón se arrancó los puntos. Para Séneca se trata de una muerte ejemplar por sus intenciones políticas, su inspiración filosófica (antes de suicidarse, Catón había estado leyendo el Fedón *de Platón, que trata acerca de la inmortalidad del alma), y sobre todo, por su férrea determinación.*

Si Júpiter quisiera posar los ojos en la Tierra, no contemplaría nada más bello que a Catón, derrotado por última y definitiva vez, pero erguido entre las ruinas de la república diciendo: «Aunque recaiga el poder en las manos de un solo hombre, aunque los ejércitos patrullen las fronteras y la flota los mares, aunque los soldados de César bloqueen los puertos, Catón sabrá escapar, pues con una sola mano se abrirá un ancho camino hacia la libertad. Esta espada de limpio acero que hasta ahora la guerra civil no ha mancillado llevará a cabo por fin una hazaña honrosa y noble: conceder a Catón la libertad que él no logró dar a su patria. Adelante, espíritu mío, pon manos a esa obra tanto tiempo meditada y libérate de los asuntos humanos. Petreyo y Juba se han enfrentado en combate singular y yacen muertos el uno a manos del otro[5] en un honorable pacto de muerte, que sin embargo se queda corto para mi grandeza. Catón no se rebaja a suplicarle a un hombre por su vida ni por su muerte». Te aseguro que los dioses observaron admirados a aquel hombre, aquel implacable vengador de sí mismo, preocuparse de la seguridad de sus compañeros, ayudarlos a planear la fuga, pasar la última noche entregado al estudio y, por fin, clavarse la espada en el noble pecho, arrancarse las entrañas y liberar con su propia mano aquel alma pura que ningún acero podría corromper. Yo creo que los dioses inmortales querían ver si la virtud de Catón flaquearía en una prueba aún más ardua[6] y por eso hicieron que la herida fuese poco certera. La segunda vez que uno intenta quitarse la vida requiere de más determinación que la primera. ¡Cómo debieron disfrutar de ver a aquella criatura suya escapar de manera tan decidida y memorable! Gloria a aquel cuya muerte merece la admiración de quienes la temen.

(*Sobre la providencia* 2:9)

Después de relatar la muerte de Catón en estas líneas del capítulo inicial de Sobre la Providencia, *Séneca vuelve al tema de la liberación por el suicidio en la última sección de la obra, en la que un dios cuyo nombre no se menciona se dirige a la humanidad.*

«Sobre todo he querido que nadie os retenga contra vuestra voluntad. La puerta está abierta. Quien no quiera luchar, que huya. Por eso he dispuesto que la muerte fuera la más llevadera de las cosas que por mi voluntad tendréis que sufrir de forma inevitable. Os he puesto la vida cuesta abajo. [Si] el trance[7] se alarga, sed pacientes y veréis lo corto y llano que es el sendero que conduce a la libertad. Lo he dispuesto todo para que la marcha del mundo no se retrase tanto como la llegada. Si la especie humana tardara tanto en morir como en nacer, estaríais en manos de Fortuna. Que cada momento y cada lugar os recuerde lo fácil que es renunciar al regalo de la Naturaleza y devolvérselo. Estudiad la muerte en los mismos altares y ritos solemnes en los que celebráis sacrificios para suplicar más vida. Ved como una pequeña herida derriba al potente toro y la mano del hombre acaba de un solo tajo con animales formidables. Basta el corte de una pequeña hoja para separar los nervios que unen el cuello y la cabeza y que el animal, por muy grande que sea, se desplome. El espíritu no mora en las profundidades del ser, no hacen falta herramientas para extraerlo. No hay que hurgar en una herida profunda para hallar los órganos. La muerte está justo a vuestro lado. No he dispuesto lugar fijo para los golpes mortales. Golpead donde os plazca, que el camino está franco. Eso que llamamos muerte, ese momento en el que el alma abandona el cuerpo, es tan breve que ni se la siente salir. Si un nudo os parte el cuello, si el agua os impide respirar, si el suelo que pisáis os parte el cráneo en una caída o si os entra fuego en lugar de aire en los pulmones,[8] se presente como se presente, la muerte siempre es rápida. ¿No os da vergüenza haber temido tanto a algo que dura tan poco?

(*Sobre la providencia* 6:7)

El estado de salud de Séneca fue empeorando con la edad, de modo que el autor tuvo que enfrentarse cada vez más a menudo con el tema del suicidio como forma de eutanasia. Sin embargo, sus opiniones son algo contradictorias y no siempre coherentes. Por ejemplo, mientras que en la epístola 77 (capítulo 3) parece estar de acuerdo con el suicidio de Tulio Marcelino, que padecía una enfermedad dolorosa, pero no fatal, en el siguiente fragmento de la epístola 58 afirma que el suicidio solo está justificado en caso de enfermedad incurable. En la epístola 70, que presentamos completa, Séneca indaga en ambos lados del problema del suicidio como eutanasia y concluye que la decisión depende de las circunstancias.

¿Debemos ahorrarnos las molestias de la vejez y no esperar a su fin, sino ponérselo nosotros mismos? Según mi punto de vista, quien se queda esperando a la muerte por cobardía le tiene demasiada devoción a la vida, igual que quien apura el ánfora hasta las heces le tiene demasiada afición al vino. Precisamente, esta analogía nos lleva a plantearnos si la vejez es la hez de la existencia o, por el contrario, lo más puro y lúcido de ella. Por supuesto, me refiero a los casos en los que la mente sigue lúcida, los sentidos funcionan y el cuerpo no está impedido ni medio muerto. Prolongar la vida no es en absoluto lo mismo que prolongar la muerte.

¿Es permisible liberar el alma sufriente de un cuerpo que ya no puede cumplir con sus funciones? Incluso me atrevería a afirmar que hay que hacerlo un poco antes de lo necesario, para no correr el riego de estar ya incapacitados cuando llegue el momento. El riesgo de vivir sufriendo es peor que el de morir pronto, por lo cual es de necios no gastar un poco de tiempo para asegurarse que ganaremos una apuesta tan grande. La vejez conduce a muy poca gente hasta los umbrales de la muerte sin algún padecimiento y, en cambio, muchos yacen inertes viendo pasar la vida sin poder hacer uso de ella. ¿Qué otra cosa peor podemos perder en la vida que el derecho de ponerle fin?

No te enfades como si tuvieras que tomar esa decisión basándote en mis palabras y escúchame bien: soportaré la vejez, siempre y cuando me deje como estoy, o al menos me permita conservar lo mejor de mí. Pero si comienza a destruirme el cerebro y a privarme de facultades, si llega un momento en que vivir se reduce a respirar, te aseguro que saltaré de este edificio en ruinas. No me quitaré la vida en caso de enfermedad, a no ser que sea incurable e interfiera con mis facultades mentales. No alzaré la mano contra mí mismo a causa del dolor, pues eso sería admitir la derrota. Pero me marcharé si me entero de que he de vivir entre dolores constantes, no por el dolor en sí mismo, sino porque me privará de todo lo que da sentido a la vida. La persona que se suicida a causa del dolor es débil y cobarde, pero la que vive para padecerlo es sencillamente idiota.

(*Epístolas* 58:32-36)

Querido Lucilio:

Después de muchos años he vuelto a tu Pompeya natal y a mis años de juventud. He recordado lo que viví en ella y he creído, por un momento, poder vivirlo todo de nuevo o haberlo vivido hacía apenas un instante. Hemos surcado los mares de la vida, Lucilio, donde, como dice Virgilio,

las tierras y las ciudades se alejan[9]

y así, hemos visto cómo la veloz carrera del tiempo se llevaba la infancia, la adolescencia, el periodo que abarca la juventud y la madurez, los años dorados de la vejez, y ahora vislumbramos ya el fin que aguarda a todo ser humano. No seamos tan necios de considerarlo un peligroso escollo, pues es más bien una bahía que en ciertas ocasiones hay que buscar, pero nunca evitar, y quien atraca en ella demasiado pronto no debe quejarse más que el que ha hecho la travesía a toda vela. Ya sabes que a unos barcos los retrasa la débil brisa, sumiéndolos en el hastío de la calma chicha, mientras que, por el contrario, a otros el fuerte viento los impulsa con rapidez a su destino.

Lo mismo nos sucede a nosotros. La vida arrastra a unos a toda prisa hasta el lugar al que llegan incluso quienes más se demoran, mientras que a otros los curte y los cuelga a curar. Como te he dicho alguna vez, no debemos aferrarnos a la vida, pues lo que cuenta no es vivir, sino vivir *bien*.

Así, el sabio vivirá cuanto deba, no cuanto pueda. Examinará bien dónde vivirá, cómo, con quién y de qué. Pensará en la calidad de la vida, no en su longitud. Si los problemas lo agobian y alteran su serenidad, buscará sin tardanza la liberación. Y no esperará a no tener más remedio, sino que en cuanto empiece a sospechar que lo abandona Fortuna, examinará detenidamente si ha llegado el momento de abandonar este mundo, pues para él no hay diferencia entre darse la muerte y recibirla, y no le importa si la vida es larga o corta. No la considera una gran pérdida, pues no se pierde gran cosa de un recipiente que gotea. Da igual morir antes que después, la cuestión es morir bien, que, además, nos ayuda a escapar del peligro de vivir mal. Por eso me parecen tan cobardes las palabras de aquel tipo de Rodas que, encerrado en una jaula y alimentado como un animal por orden del tirano, dijo a uno que le aconsejaba dejarse morir de hambre: «Mientras hay vida, hay esperanza». Por mucho que haya cierta verdad en lo que dijo, no debemos conservar la vida a toda costa [...].

Morir de miedo a la muerte es tontería. Tu verdugo ya viene de camino; siéntate a esperarlo.

¿A qué tanta prisa? ¿A qué asumir la crueldad ajena? ¿Envidias a tu asesino? ¿Pretendes evitarle las molestias? Sócrates podía haberse dejado morir de hambre y sed en lugar de envenenarse, pero no lo hizo. Pasó un mes esperando la muerte en una celda, no porque albergara esperanzas y creyera que en tanto tiempo puede pasar cualquier cosa, sino para someterse a la ley y que sus amigos disfrutaran de sus últimos días. ¿Lo crees tan tonto como para despreciar a la muerte y temer al veneno al mismo tiempo?

La firme y severa Escribonia era tía paterna de Druso Libón, un joven de tan alta alcurnia como bajo intelecto, cuyas ambiciones eran mayores que las que nadie podía lograr en aquella época y él en ninguna. Cuando lo sacaron del Senado enfermo en una litera y con una exigua escolta (su cobarde círculo íntimo lo había abandonado porque para entonces andaba ya más cerca del patíbulo que del tribunal), comenzó a sopesar si suicidarse o esperar a la muerte.[10] «¿Qué placer sacas de hacer el trabajo de otro?», le preguntó

Escribonia. No logró disuadirle, sin embargo. Se quitó la vida. Y tenía buenos motivos, porque si después de que su enemigo decidiera su muerte hubiera vivido tres o cuatro días más, en realidad, este le habría hecho el trabajo.

Cuando alguien nos impone la muerte, no procede generalizar sobre si es más conveniente esperarla o tomarle la delantera. Hay muchos factores para optar por lo uno o lo otro. Si, por ejemplo, tenemos la oportunidad de elegir entre morir en el potro o de manera sencilla y rápida, ¿cómo no escoger esta última? Yo escojo el barco en el que saldré de viaje, la casa a la que voy a mudarme y, de igual modo, la forma de abandonar este mundo. Una vida larga no es siempre mejor, pero una muerte larga es siempre peor.

La muerte es el momento en el que más debemos dejarnos guiar por el espíritu. Que cada cual parta como prefiera. Unos romperán las cadenas de la esclavitud con la espada, otros con la soga y otros con el veneno. Que los demás admiren nuestra vida y nosotros nuestra muerte. El mejor método es el que prefiera cada cual.

Uno dirá que te faltó valor, otro que te has dado demasiada prisa, un tercero que conoce un método más digno... Bobadas. Tú solo ten en cuenta que lo que te traes entre manos es un asunto en el que no tienen cabida las habladurías. Pero dado que, hagas lo que hagas, siempre habrá quien te critique, tu único objetivo debe ser liberarte del azote de Fortuna lo más rápido que puedas.

Conocerás incluso a expertos en filosofía que afirman que no es lícito atentar contra la propia vida y que el suicidio es un sacrilegio. Según ellos, cada cual debe esperar el fin que la Naturaleza le haya decretado. No se dan cuenta de que esa forma de pensar nos impide ser libres. El mayor favor que nos ha hecho la ley eterna es darnos una sola entrada en la vida y muchas salidas. ¿Para qué esperar la crueldad de la enfermedad o la de los hombres, cuando puedo escapar de la tortura y burlar el infortunio? El único motivo para no odiar la vida es que no nos retiene a la fuerza. La mejor cualidad del ser humano es ser responsable de su propia desdicha. ¿Eres feliz? Pues continúa viviendo. ¿Eres infeliz? Siempre puedes volver al lugar de donde viniste. A menudo has dejado correr la sangre para aliviar un dolor de cabeza, o has abierto una vena para perder peso. Una simple lanceta te da la libertad. No se necesita un corte profundo para obtener el descanso.[11] ¿A qué viene entonces tanto titubear y tanto acobardarse? Nadie piensa que un día tendrá que abandonar su humilde morada. Esa actitud se parece a la de los inquilinos que permanecen en una casa incómoda solo por apego y costumbre. Si no quieres ser esclavo del cuerpo, habítalo como si estuvieras de paso. Convéncete de que te mudas mañana mismo. Así le perderás el miedo a la inevitable partida.

¿Cómo se prepara para el fin quien no sabe poner fin al deseo? Para esto sí que debemos prepararnos a conciencia. Muchas otras cosas que aprendemos son superfluas. Preparamos el espíritu para enfrentarnos a la pobreza, pero gozamos de estabilidad y riqueza. Nos endurecemos para soportar el dolor, pero gozamos de una salud tan buena que nunca necesitamos esa virtud. Forjamos el carácter para sufrir la ausencia de los seres queridos, pero la Fortuna no nos los arrebata. Solo la muerte nos exigirá un día poner en práctica lo aprendido.

No hay motivo para creer que solo los grandes hombres han tenido el valor necesario para romper las cadenas de la esclavitud humana. No hay motivos para creer que eso está solo al alcance de un Catón, que terminó con sus propias manos lo que no había logrado con la espada.[12] Personas de la más baja condición han tomado el camino de la libertad entre tremendos sufrimientos cuando, privados de una muerte adecuada o de la oportunidad de elegir los instrumentos para procurársela, han recurrido al ingenio y a lo primero que tenían a mano para fabricarse un arma mortal. Hace poco, en un combate matinal[13] de gladiadores contra fieras, un germano pidió permiso para ir al servicio, que era lo único que se le permitía hacer sin vigilancia, y aprovechó para clavarse en la garganta el palo al que se ata una esponja para limpiarse, de forma que murió asfixiado. Así burló a la muerte. Fue una muerte sucia e innoble. Pero ¿hay algo más estúpido que ponerse quisquilloso a la hora de morir? Qué agallas tuvo. Cuánto se merecía que le dejaran escoger su propia muerte. ¡Con qué valor habría empuñado la espada, con qué impulso habría nadado mar adentro o se habría lanzado por un precipicio...! Despojado de todo recurso, supo inventar un arma y encontrar la manera de morir, y nos demostró que lo único que se interpone entre la muerte y el individuo es la voluntad. Que cada cual juzgue como quiera lo que hizo aquel valiente, siempre y cuando estemos de acuerdo en que la muerte más repugnante es preferible a la más pulcra esclavitud.

Te voy a dar unos cuantos ejemplos más de gente de clase baja, porque creo que ver cómo desprecian a la muerte aquellos que consideramos inferiores nos enseñará a ser menos autoindulgentes. A menudo pensamos que es imposible emular a un Catón o un Escipión. Pero ahora te voy a demostrar que sus virtudes se dan tanto en los condenados a combatir con las fieras del circo como en los líderes de las guerras civiles. No hará mucho, unos soldados transportaban a un condenado en un carro a los juegos matinales. El tipo empezó a cabecear como si tuviera sueño y, en determinado momento, introdujo la cabeza entre los radios de una de las ruedas para que le partiera el cuello al girar. El vehículo que lo conducía al suplicio lo libró de él. Nada detiene a quien de verdad quiere liberarse y abandonar este mundo. La cárcel de la Naturaleza no tiene muros. Si las circunstancias lo permiten, busca a tu alrededor y elige una muerte cómoda; si tienes a mano más de un objeto para alcanzar la libertad, escoge el más eficaz. Si, por el contrario, la situación se presenta difícil, escoge por más adecuado lo más cercano, por muy raro que parezca. A quien está decidido a morir no le falla la inventiva. Mil veces has visto a los esclavos más bajos eludir al guardián más vigilante cuando el sufrimiento les agudiza el ingenio. La grandeza no está solo en decidir quitarse la vida, sino en lograrlo.

Te he prometido más ejemplos de gladiadores. En la segunda naumaquia que organizó Nerón, uno de los bárbaros se atravesó la garganta con la lanza que le habían dado para luchar contra sus adversarios. «¿Qué estoy esperando para escapar de la tortura y del ridículo? —se dijo—. ¿Qué hago esperando a la muerte con un arma en la mano?» Fue un momento de impresionante dignidad, pues hay más virtud en mostrar cómo se muere que cómo se mata.

Por lo tanto, ¿cómo les van a faltar los recursos de los que disponen esos pobres diablos a las personas a las que la inteligencia, maestra de todas las cosas, y la práctica de la razón les ha enseñado a enfrentarse al infortunio? La razón nos enseña que a la muerte se llega por muchos caminos, pero que el final es el mismo para todos y que no importa cuándo suceda lo que tiene que suceder. Y también nos aconseja que, si es posible, mueras [como prefieras, y si no],[14] que lo hagas como puedas y te des el golpe final con lo que tengas más a mano. Robar para vivir es vergonzoso, robar para morir es decoroso.

Adiós. (*Epístolas* 70)

En la mayoría de sus argumentos, Séneca no toca las consecuencias del suicidio en la familia y los amigos del muerto. En el siguiente fragmento, sin embargo, reconoce que por mucho que las circunstancias hagan del suicidio la elección más deseable, a veces debemos permanecer con vida por nuestros seres queridos. Se trata de uno de los pocos fragmentos en que podemos asomarnos a la relación del autor con Pompeya Paulina, su joven esposa.

Querido Lucilio:

Me he venido unos días a la finca de Nomentano. ¿Para escapar de Roma? Más bien de una fiebre que se ha hecho conmigo y no hacía más que empeorar. Según el médico, aún estoy al principio de la enfermedad, pues ando con el pulso alterado, irregular y débil, así que ordené que me prepararan el carro. Discutí con Paulina, que insistía en que me quedara [...]. Ella me suplica que preste atención a mi salud y, como nuestros espíritus dependen el uno del otro, he empezado cuidarme a mí mismo para cuidarla a ella.

Hay que ser comprensivo con los sentimientos sinceros. A veces, por mucho que nos duela y aunque nos sobren los motivos, hay que refrenar el espíritu que ya se nos escapa por la boca en consideración a los seres queridos. La persona virtuosa no vive según su deseo sino según su obligación. Quien no aprecia a la pareja y a los amigos como para permanecer en este mundo no sabe lo que es la entereza. Incluso si uno no solo quiere morir, sino que ya ha empezado a hacerlo, debe obligar al espíritu a dar media vuelta y sacrificarse por quienes le aman. Es una frecuente prueba de grandeza de espíritu. (*Epístolas* 104:1-4)

Nada me parece más indigno que andar deseando la muerte. Si quieres vivir, ¿por qué quieres morir? Y si no, ¿por qué pides a los dioses lo que te concedieron el día que naciste? Tu muerte, aunque no lo quieras, está decidida. Morir por tu propia mano, en cambio, lo decides tú. Lo primero es ineludible, y lo segundo, voluntario. No hace mucho leí un prólogo absolutamente vergonzoso que, para colmo, ¡por Hércules!, era de un escritor culto y famoso. Decía: «Ojalá me muera pronto». ¿No ves que pides lo que ya es tuyo, tonto? «Ojalá me muera pronto...» Seguro que ha envejecido repitiendo esas palabras porque, de lo contrario, ¿qué es lo que espera? Nadie lo retiene. Que se vaya por donde le plazca. Que escoja cualquier parte de la Naturaleza donde vea una salida. Por ejemplo, los elementos que la gobiernan, la tierra, el agua y el aire. Todos ellos son tanto razón de vida como causa de muerte. «Ojalá me muera pronto.» ¿Qué querrá decir con eso de *pronto*? ¿Una fecha fija? ¡Cuidado que no suceda antes de lo que desea! Así hablan los cobardes y los autocompasivos. Los que van por ahí diciendo que quieren morir, en realidad no lo desean. ¡Ruega a los dioses que te concedan salud y larga vida! Y si lo que de verdad deseas es morir, el placer que te producirá la muerte será justamente el de dejar de desearla.

(*Epístolas* 117:22-24)

5. CONVIÉRTETE EN PARTE DEL TODO

Séneca tenía mucha fe en la universalidad de la decadencia y la muerte, no solo del ser humano, sino de todo cuanto habita en el mundo. Según los principios cosmológicos del estoicismo, en los que creía firmemente, el propio planeta seguirá eternamente el ciclo de la muerte y el renacimiento. En los siguientes fragmentos, Séneca consuela a dos amigos que sufren con la idea de la universalidad de la muerte. El primero se dirige a Marcia, que había perdido a su joven hijo, y el segundo a Polibio, un poderoso liberto de la corte de Claudio, que lloraba la muerte de su hermano.

Imagínate, Marcia, a tu padre, que, desde esa ciudadela celeste[1] [...], te dice así: «¿A qué tan largo duelo, hija mía? ¿Por qué te obcecas en ignorar la verdad? ¿Por qué te empeñas en creer que una terrible injusticia se ha abatido contra tu hijo, que ha vuelto con sus antepasados en la plenitud de la vida, sin conocer la decadencia física ni mental y dejando intacto el honor de la familia? Piensa en los avatares a los que Fortuna, que sonríe más a quienes menos la tratan, somete a todo el mundo. ¿Tengo que recordarte cuántos reyes habrían conocido la felicidad suprema si la muerte los hubiera librado un poco antes de las desgracias que los acechaban? ¿A los generales romanos cuya fama no habría sufrido menoscabo alguno de haber vivido unos años menos? ¿A los varones nobles e ilustres que han tenido que acabar ofreciendo el cuello al acero de algún soldado? Acuérdate, por ejemplo, de tu abuelo y de tu padre. El primero, víctima de un asesino desconocido. Y yo, que, para que nadie me arrebatara la vida por la fuerza, me dejé morir de hambre y sed y demostré al mundo que poseía las virtudes de las que hablaba en mis libros.[2] ¿Por qué, pues, se llora tanto en nuestra casa a quien ha muerto con tanta fortuna?

Los difuntos nos congregamos en cierto lugar donde no hay oscuridad, contemplamos el mundo de los vivos y constatamos que no hay en él nada deseable, elevado ni deslumbrante. Por el contrario, es mezquino, triste, fugaz y tenebroso, pues apenas recoge una fracción de la luz que a nosotros nos ilumina. Aquí no resuena el entrechocar de las armas llenas de odio, aquí las flotas no masacran a las flotas, aquí no se urden ni se sufren crímenes, aquí las salas no retumban a diario con los ecos de las querellas y los pleitos de unos y otros. Aquí no hay mentira, el pensamiento es franco, el corazón, abierto, todos lo saben todo de los demás y los siglos, tanto los pasados como los venideros, corren ante nuestra vista.

Cuánto me gustaba compilar la historia de ese pueblo que habitó un pequeño rincón del planeta durante un breve espacio de tiempo.[3] Ahora, en cambio, contemplo siglos y siglos, la cadena de las eras, la sucesión de las edades, los años infinitos.

Veo los imperios que han de levantarse para caer más tarde, la decadencia de las grandes ciudades, las idas y venidas del océano. Si el destino común que a todos nos aguarda te sirve de consuelo, piensa solo una cosa: nada permanece, el curso del tiempo todo lo iguala y todo lo destruye. El tiempo no se limita a jugar con la humanidad, que al fin y al cabo es una parte ínfima de su poder, sino con los lugares, las regiones y los continentes del planeta. Derriba las montañas en un sitio y empuja unas nuevas hacia los cielos en otro. Seca los mares, tuerce los ríos y, cuando haga que los pueblos dejen de ser capaces de comunicarse entre sí, disolverá la unión y la sociedad de la especie humana. Y sumirá ciudades enteras en el abismo y las sacudirán los terremotos y las asfixiará la pestilencia, y las inundaciones sumergirán las casas y las personas, y la enorme lengua del fuego calcinará toda forma de vida que haya en el planeta.[4]

Y cuando el mundo llegue a su fin para después renovarse una vez más, todo se destruirá con su propia fuerza, los astros chocarán con los astros, y la materia de ese mundo ordenado que ves ante ti arderá en un único fuego. Cuando los dioses decidan destruir el universo para después reconstruirlo de nuevo, también nosotros, las almas que disfrutamos del don de la eternidad, seremos una pequeña parte más de tan enorme cataclismo y nos descompondremos en los elementos primordiales. ¡Afortunado tu hijo, Marcia, que conoce ya la verdad!

(*Consolación a Marcia* 26:1)

Quizá te lamentes de haberlo perdido de forma inesperada. Así se engañan los crédulos que olvidan voluntariamente que lo que aman es mortal. La naturaleza no le promete a nadie librarlo de lo inevitable. A diario nos pasan por delante los cortejos fúnebres de amigos y desconocidos, pero nosotros desviamos la mirada y por eso nos coge por sorpresa lo que llevamos toda la vida oyendo que se acerca sin remedio. Por lo tanto, no es que el destino sea cruel, sino que el alma humana es insaciable y se queja de tener que abandonar este mundo en el que se le ha permitido entrar por compasión. Qué entereza, en cambio, la de Telamón cuando le comunicaron que su hijo había muerto. «Lo engendré sabiendo que tendría que morir», dijo con gran dignidad [...]. No recibió la noticia con sorpresa, porque ¿qué hay de sorprendente en que muera alguien cuya vida no es más que un viaje hacia la muerte? «Lo engendré sabiendo que tendría que morir», dijo. Y después, con mayor sabiduría y valor, añadió: «Y para eso lo crié».[5] Y es que, en verdad, para eso nos han criado. El destino de quien viene al mundo es la muerte. Gocemos de lo que nos prestan y devolvámoslo de buen grado cuando nos lo reclamen. El destino alcanzará a este hoy y a aquel mañana, pero no se olvidará de nadie. Ten el alma lista, no la dejes temer lo inevitable y acostúmbrala a esperar lo desconocido [...]. No hay un único final para todos. A uno lo abandona la vida en mitad de la carrera, a otro, apenas al principio, y a un tercero lo obliga a vivir la vejez más extrema hasta que, por fin, lo deja marchar agotado y sin fuerzas.

Cada cual en su momento, sí, pero todos nos encaminamos al mismo lugar. No sé si es peor pecar de estupidez por ignorar la ley de la mortalidad o de insolencia por negarse a aceptarla.
(*Consolación a Polibio* 11:1-4)

A pesar de sus creencias estoicas, a Séneca le interesaban las teorías epicúreas sobre los fundamentos atómicos del mundo físico, cuyos ecos se perciben en fragmentos como el siguiente, en el que imagina que las partículas que componen los cuerpos son indestructibles y que, cuando estos se descomponen, pasan a dar forma otras sustancias.

Los seres del mundo siguen un ritmo determinado. Han de nacer, crecer y morir. Los astros que giran por encima de nosotros y este planeta que te sustenta y sobre el que asientas los pies se consumirán y dejarán de existir. A cada ser le llega su propia vejez. La Naturaleza despacha a cada cual a su debido momento y lo envía al mismo lugar. Lo que es dejará de ser. No morirá, sino que se disolverá.

Para nosotros la muerte es eso, la disolución, porque la mente, ciega y encadenada al cuerpo, ve solo lo inmediato y no sabe percibir lo lejano. Afrontaríamos con más valor nuestra finitud y la de nuestros seres queridos si tuviésemos fe en que la vida y la muerte se alternan de la misma forma que la tarea de los dioses todopoderosos es hacer que los seres del universo se alternen en componerse y disolverse para disolverse y componerse de nuevo.

Así, la mente llegará a la misma conclusión que Marco Catón cuando recorrió el tiempo entero con la razón: «Una sentencia de muerte pende sobre la especie humana, la presente y la futura. Llegará el día en que las fortísimas ciudades que han sido el orgullo de los imperios extranjeros se derrumben de mil y una formas y la gente se pregunte dónde están. A unas las devorará la guerra, a otras las carcomerá la decadencia, la apatía disfrazada de paz y la suntuosidad, el peor de los cánceres de las grandes naciones. El mar se tragará de pronto los fértiles campos o la tierra abrirá las fauces en un terrible bostezo y los sepultará. ¿A qué lamentarme o indignarme si desaparezco un poco antes que el resto de los seres? El espíritu humano debe acatar la voluntad de los dioses y soportar imperturbable los mandatos de la ley que rige el universo: o habitará entre los seres divinos en un lugar mejor donde disfrutará de una existencia sosegada y serena, o se integrará de nuevo en la naturaleza y volverá al mundo físico.

(*Epístolas* 71:13-16)

La idea de que la muerte acecha detrás de cada esquina, lista para saltar sobre nosotros en cualquier momento, atormenta a mucha gente, pero a Séneca, en cambio, le daba paz de espíritu. ¿Para qué preocuparnos de lo que no podemos controlar? Los dos últimos fragmentos, ambos dirigidos a Lucilio, desarrollan esa idea. El primero procede de las Epístolas morales a Lucilio, *y el segundo, de las* Cuestiones naturales, *obra que concluyó un par de años antes de morir.*

Según envejezcas te irás dando cuenta de que hay cosas a las que hay que temer menos precisamente por el mucho temor que infunden. No hay final malo. ¿La muerte te ronda? Lo malo sería que se quedara contigo, pero por suerte solo hay dos opciones: que te alcance o que te pase de largo. Dirás que no es fácil acostumbrar al espíritu a despreciar la vida. ¿No ves con qué motivos superficiales la desprecian los demás? Un enamorado se ahorca frente a la casa de su amada; un esclavo se tira desde la azotea para no tener que seguir oyendo los gritos de su amo; un fugitivo se clava un puñal en las tripas para que no lo vuelvan a apresar. ¿No te parece que la virtud logra lo mismo que el exceso de temor? La serenidad no consiste en prolongar la vida y ver pasar los años. Reflexiona sobre esto todos los días, si quieres abandonar en paz esta vida a la que tantos se aferran como se aferran a las zarzas y a los cardos aquellos a quienes arrastra una riada. Piensa en cuántas personas se debaten entre el miedo a la muerte y los tormentos de la vida sin querer vivir ni saber morir. La mejor manera de gozar de la vida es no angustiarse por su causa. No hay posesión que beneficie a su dueño si no está dispuesto a perderla, y nada es más fácil de perder que lo que no se va a echar de menos una vez perdido. Así que templa el carácter para soportar la desgracia, inevitable incluso para los más poderosos. Un eunuco y un muchacho decidieron el destino de Pompeyo; el de Craso, un persa cruel y orgulloso; Calígula obligó a Lépido a ofrecerle el cuello a Dextro, que era un simple tribuno, y al año siguiente él mismo tuvo que entregarse a Querea.[6] A nadie ama tanto Fortuna que sus dones no sean también amenazas. No confíes en la suave brisa que hincha ahora la velas, porque el mar se enfurece de repente y se traga a los barcos que hace un instante se mecían alegres entre las olas. Piensa que en cualquier momento te corta el cuello un enemigo o un ladrón. Piensa que no hacen falta personajes poderosos: el esclavo más insignificante tiene poder de vida y muerte sobre ti. En resumen: cualquiera que desprecie su vida es dueño de la tuya.

Acuérdate de las víctimas de sus propios familiares, ya sea a mano armada o por medio de intrigas, y te darás cuenta de que han caído tantas personas a manos de los reyes como de los esclavos. Por lo tanto, ¿qué más da lo poderoso que sea tu enemigo si lo que temes que te haga te lo puede hacer cualquiera? Si te apresa el ejército enemigo, el general te sentenciará a muerte, condena que, por otra parte, ya pesaba sobre ti desde que viniste al mundo. ¿Cómo te has engañado a ti mismo durante tanto tiempo y has tardado tanto en comprender tu verdadera condición? Te lo repito de nuevo: te encaminas a la muerte desde el mismo momento en que naciste. (*Epístolas* 4:3-9)

Queridísimo Lucilio, me he enterado de que un fuerte terremoto[7] ha destruido la famosa ciudad de Pompeya, en la provincia de Campania, y que en la campiña que la circunda también ha habido muchos daños. Para colmo, ha sucedido en invierno, cuando, según nuestros antepasados, no hay riesgo de terremotos [...].

Busquemos, pues, consuelo para los afligidos y calmemos sus terribles miedos. Al fin y al cabo, ¿qué lugar considerarán seguro cuando ven estremecerse el mundo y venirse abajo la parte más inmutable de él? ¿Cómo no temerán si la tierra (tan permanente e inamovible que su función es sostener a todos los seres) tiembla de pronto y pierde su estabilidad característica? ¿Qué cobijo habrá para tantos seres atemorizados que ven que su temor surge precisamente de las más profundas regiones del subsuelo? [...]. ¿Qué los salvará o al menos los consolará cuando ven que no hay esperanza de escapar? ¿Qué lugar será, insisto, lo bastante fuerte para protegerlos tanto a ellos como a nosotros? Al enemigo lo detiene una muralla; las fortalezas y las torres inexpugnables rechazan incluso al ejército más poderoso; los puertos son el refugio de las tempestades; los tejados, el de la violencia del cielo que se derrama en lluvias interminables; los incendios no persiguen a quienes salen huyendo; los refugios subterráneos y las cuevas neutralizan los ataques del rayo y otras amenazas celestes (el fuego del cielo no atraviesa el suelo, por fino que sea); durante una epidemia es posible cambiar de residencia. En resumen, siempre hay alguna escapatoria a la catástrofe. Nunca un rayo ha carbonizado a una nación entera; la peste saquea las ciudades, pero no las borra de la faz de la tierra. Sin embargo, el terremoto es una calamidad que golpea cualquier lugar del planeta y es inevitable, insaciable y destructiva por igual para todos. La tierra se abre de repente y se traga no solo ciudades, casas y familias, sino que sepulta bajo las ruinas o arroja a los abismos provincias y naciones enteras sin que quede rastro de que allí existió una vez lo que ya no existe. La tierra se abate sobre antaño orgullosas ciudades y no deja huella de que alguien las haya habitado.

Hay personas que tienen verdadera fobia a esta muerte que los arroja al abismo con todas sus posesiones y los arranca vivos de entre los vivos como si un mismo destino no aguardara a la especie humana. La Naturaleza es justa sobre todo en una cosa: ante la muerte somos todos iguales.

Da igual si me abre la cabeza una piedra o me aplasta una montaña; si se me viene encima una casa y sucumbo bajo un montón de polvo y escombros o me sepulta el planeta entero; si exhalo el último aliento al aire libre y a plena luz del día o en el fondo de una sima abierta en medio de la tierra; si me precipito en ella solo o en compañía de todas las naciones que pueblan el planeta. Da igual la calamidad que acabe conmigo: la muerte es la muerte en todas partes.

Por lo tanto, Lucilio, armémonos de valor para afrontar el desastre, tan inevitable como impredecible, y hagamos oídos sordos a quienes abandonan Campania a causa de este terremoto y juran no regresar. Nada les asegura que el suelo del lugar al que huyen tenga cimientos más firmes. La misma ley gobierna el mundo: lo que nunca ha temblado puede temblar mañana. Quizá ese *lugar seguro* donde ahora te asientas se lo trague la tierra esta noche o incluso hoy mismo antes de que se ponga el sol. ¿Por qué no iban a ser más seguros los lugares a los que la Fortuna ya ha golpeado con todas sus fuerzas y se sustentan en sus propias ruinas? Se equivoca quien crea que algún rincón del mundo está libre y exento de peligro: el planeta entero está sometido a la misma ley. La naturaleza no ha engendrado nada inmutable. El mundo es como una ciudad en la que una casa se derrumba hoy y mañana otra [...].

Pero ¿qué digo? Te había prometido encontrar palabras de consuelo para los desastres que nos afligen de tarde en tarde y, en cambio, aquí estoy, avisándote de peligros que nos acechan por doquier [...]. Volvamos al tema y apliquemos al conjunto de la humanidad esta famosa cita dirigida en principio a quienes se ven de pronto atrapados entre las llamas y el enemigo: «La única salvación para los vencidos es no esperar la salvación».[8]

Si quieres no temer nada, témelo todo. Mira a tu alrededor y considera qué insignificantes son las causas de nuestra destrucción. Para que la comida, la bebida, la vigilia y el sueño nos conserven la salud es imprescindible la moderación. No tardarás en darte cuenta de que tenemos un cuerpo de juguete, frágil, poco sólido y que se quiebra al primer golpe. ¡Como si el único peligro que nos acecha fuera que el suelo que pisamos se abra y nos trague...! Quien teme al rayo, al terremoto y a las simas de la tierra se tiene a sí mismo en mucho. ¿No le valdría más tomar conciencia de su debilidad y tenerle más miedo a un resfriado?[9] ¡Menuda constitución tenemos! ¡Y qué robustez! ¡Y qué altura! Somos tan fuertes que no podríamos morir de no ser por los temblores de tierra y los fuegos que caen del cielo... ¡Pero si hasta puede con nosotros una pequeña uña, y no ya la uña entera, sino un simple pellejo! Por lo tanto, ¿por qué tanto miedo a los terremotos cuando basta un exceso de mucosidades para ahogarme? ¿Por qué tanto miedo a las tempestades marinas o a las crecidas de los ríos cuando basta un sorbo de agua para morir atragantado? ¡Qué necedad temer al mar cuando una gota puede ser tu fin!

Ante el rostro de la muerte no hay mayor consuelo que la mortalidad. Ante los temores externos no hay mayor consuelo que las innumerables amenazas que nos acechan por dentro. ¡Qué necedad echarse a temblar porque tiemble la tierra o esconderse en una gruta para que no nos parta un rayo! ¡Qué necedad temer terremotos, avalanchas o marejadas cuando la muerte está presente allá donde vamos y lo más pequeño es capaz de exterminar a la especie humana! Las catástrofes no deben confundirnos como si fueran más dolorosas que la muerte corriente. Más bien al contrario, visto que en algún momento habremos de dejar este mundo, exhalar el último aliento debido a un desastre terrible es un alivio.

No nos queda más remedio que morir, cuando sea, donde sea. Por mucho que la tierra se mantenga firme bajo los pies, no se mueva de su sitio ni la sacuda el terremoto, algún día me cubrirá. ¿Qué importa si acabo enterrado por mi propia mano o por la suya? Se abre de pronto y me engulle debido a no sé qué fuerzas descomunales y perversas: ¿Y qué? ¿Es la muerte más llevadera en campo abierto? ¿A qué vienen los lamentos si la Naturaleza decide librarme de una muerte innoble y se vuelve contra mí?

Mi amigo Vagelio lo expresa a la perfección en su famoso poema: «Si he de caer, que sea desde el cielo». Lo mismo digo yo: si he de caer, que caiga conmigo el mundo entero, no porque sea lícito desear el desastre colectivo, sino porque morir sabiendo que la misma Tierra es tan mortal como yo es un gran consuelo.

(*Cuestiones naturales* 6:1.1-2.9)

EPÍLOGO: PREDICAR CON EL EJEMPLO

Séneca siempre admiró la serenidad con la que Sócrates, según leemos en el Fedón *de Platón, se enfrentó a la muerte. En el 65 d. C., Séneca tuvo ocasión de poner en práctica sus ideas filosóficas cuando Nerón, antiguo discípulo y amigo, lo acusó de participar en una conjura contra él y lo sentenció a muerte. Como Sócrates, Séneca murió rodeado de amigos y seguidores, que más tarde describirían los últimos momentos del autor. Esos relatos se han perdido, pero Tácito se inspiró en ellos para escribir el siguiente fragmento de los* Anales, *su crónica de la historia de Roma. El suicidio de Séneca se acabó complicando, de modo que el relato de Tácito no es tan elogioso como el de Platón. El público debe juzgar si Séneca logró esa muerte para la que se había preparado durante toda la vida adulta.*

[Nerón] envió a un centurión para notificarle a Séneca la sentencia. Él, imperturbable, pidió que le trajeran el testamento, pero el militar lo prohibió, así que, volviéndose a quienes lo acompañaban, les dijo que, ya que le impedían recompensar a cada uno según sus méritos, les legaría a todos lo único que le quedaba, que además era lo más valioso: el ejemplo de su propia vida. Les dijo también que si lo conservaban en la memoria, adquirirían fama de hombres virtuosos como premio a la fiel amistad que le habían profesado [...]. Al despedirse de su esposa con un abrazo, flaqueó un poco la entereza que hasta entonces había mostrado. Le suplicó que se tomara el sufrimiento con moderación y que no prolongara el duelo más de lo debido. Le pidió también que se consolara de la añoranza de su marido recordando que fue un hombre virtuoso. Sin embargo, ella declaró que la sentencia de muerte pesaba sobre los dos y exigió que el verdugo acabase también con su vida. Séneca, por amor (pues se resistía a dejar indefensa ante el insulto y la vergüenza a la mujer que tanto lo había amado) y porque Paulina compartiera su gloria, dijo así: «Juntos hemos vivido los placeres de la vida, pero si ahora tú decides escoger el honor de la muerte, no me queda más que admirar tu ejemplo. Compartamos por igual esta muerte valerosa, pero que la tuya merezca más gloria». Dicho esto, se cortaron las venas de los brazos con el mismo acero.

El cuerpo de Séneca era anciano y estaba consumido por los años y lo frugal de su alimentación, y se desangraba lentamente, así que se abrió también las venas de los muslos y las corvas. Como el sufrimiento lo extenuaba y temía que su dolor quebrantara el ánimo de su esposa o los sufrimientos de ella le hicieran flaquear a él, le pidió que se retirara a otra habitación. Entonces, haciendo gala de elocuencia incluso a las puertas de la muerte, convocó a los escribanos y les dictó abundantes pensamientos [...].

La muerte venía a paso lento y doloroso, y el trance se alargaba más de lo deseable, así que Séneca le pidió a Estacio Anneo, leal amigo y gran médico, que le suministrara una dosis de veneno que guardaba desde hacía tiempo por si se presentaba la ocasión. Se trataba del mismo veneno con el que se daban muerte los condenados en Atenas.[1] Lo bebió, pero en vano, pues tenía el cuerpo y los miembros fríos y no le hizo efecto. Entonces se metió en una bañera con agua caliente y salpicó a los esclavos que le atendían diciendo que hacía libaciones a Júpiter Liberador.[2] Poco después los vapores del agua lo asfixiaron.

Incineraron su cadáver en una sencilla pira, sin ceremonias ni honras fúnebres, tal y como había dispuesto en su testamento muchos años antes, cuando aún era un hombre rico y poderoso.
(Tácito, *Anales* 15:61-64)

NOTAS

INTRODUCCIÓN

1. *Scientific American*, 1 de diciembre, 2016.

2. «The Trip Treatment», *New Yorker*, 9 de febrero de 2015

I. PREPÁRATE

1. Este concepto no se encuentra en ningún texto de Epicuro que haya llegado hasta la actualidad y no es fácil de enmarcar en las líneas generales de su pensamiento.

2. Referencia a la doctrina platónica de la transmigración de las almas, de la que no hay ningún otro eco en la obra de Séneca. La frase siguiente

también alude al concepto platónico, que aparece en la *Eneida* de Virgilio, de que las almas pierden la memoria por completo o en parte antes de emigrar a un nuevo cuerpo mortal.

3. La palabra latina, que se traduce como «suspiro» o «resuello» funciona aquí como el nombre con el que Séneca alude a su dolencia.

4. Es decir, que vive las horas una a una.

2. NO TEMAS

1. Cano fue, como Séneca, un filósofo estoico. El autor era un joven senador cuando sucedió lo que se narra en estas líneas. Aunque Séneca suele llamar Cayo a su emperador, hemos preferido utilizar Calígula, que, aunque es un sobrenombre, es el nombre que lo ha hecho célebre.

2. Tirano griego famoso por su crueldad, del que se cuenta que hacía asar vivos a sus enemigos dentro de una estatua de bronce con forma de toro.

3. Séneca compara la muerte de dos de los líderes del bando senatorial de la guerra civil de mediados del siglo I a. C. Catón el Joven, también llamado Catón de Útica, se quitó la vida con su propia espada tras ser derrotado por las fuerzas de Julio César

en una decisiva batalla que tuvo lugar en el norte de África. Décimo Junio Bruto (al que Séneca llama Bruto, pero que aquí llamamos Décimo, para evitar la confusión con el asesino de César) dirigió un ejército contra Marco Antonio, segundo de Julio César, pero cayó prisionero y fue ejecutado después de que lo abandonaran sus soldados.

4. Los términos *indiferente* e *intermedio* son propios del léxico de los estoicos. Séneca los traduce del griego al latín. Se refieren a un tipo de cosas que no tienden de por sí al bien o al mal, a la felicidad o a la infelicidad. Séneca distingue aquí el tipo de «indiferencia» que representa la prolongación de la vida (preferible a la muerte incluso si no conduce a la felicidad) de cosas que en realidad no tienen ninguna importancia.

5. En estos versos, Séneca une dos pasajes de la *Eneida* en los que aparece la misma palabra, *ianitor*, es decir, *guardián*. El primero (8296-8297) se refiere a Caco, un monstruo que habita en una horrible caverna. El segundo (6400-6401), más acorde con lo que Séneca quiere transmitir, procede de la descripción del descenso de Eneas al inframundo.

6. Demetrio fue un filósofo cínico griego de mediados del siglo I d. C. al que Séneca admiraba mucho por sus costumbres ascéticas y su inflexible moral.

7. Se refiere al *sapiens*, el sabio ideal o maestro perfecto que siempre se comporta según los principios del estoicismo.

8. Se trata de una adición debida al mal estado de los manuscritos.

3. NO TENGAS REMORDIMIENTOS

1. Adición debida al mal estado del manuscrito.

2. La cosmología estoica sostiene que la vida de la Tierra está sujeta a ciclos de destrucción y renacimiento.

3. Séneca habla de este filósofo estoico como si Lucilio supiera sin duda de quién se trata, pero su identidad no se conoce y quizá incluso sea un personaje inventado mediante el cual el autor expresa sus propias ideas.

4. En el original, la decisión de Marcelino queda implícita. El sujeto de esta frase y de las tres siguientes es el anónimo filósofo estoico.

5. Séneca se refiere a la enfermedad que le provocaba crisis respiratorias periódicas, descrita con más detalle en el fragmento de la epístola 54 del capítulo 1.

6. Verso de la *Eneida* (6376) en el que la Sibila impide a Palinuro, cuyo cadáver no ha recibido sepultura, cruzar el río Estigia.

7. En las *Epístolas*, los pronombres se refieren con frecuencia a interlocutores imaginarios que representan a la humanidad en general o, como en este caso, a la clase alta romana.

8. Las setas, las ostras y el salmonete eran platos exquisitos en la Roma de la época. Algunos de estos alimentos eran también venenosos, por lo que el ejemplo de Séneca tiene doble sentido.

9. El término latino *clausula* alude a una cadencia rítmica usada como adorno al final de un párrafo o de un discurso.

10. Es decir, si hubiera vivido más tiempo.

11. Una vez más, Séneca recurre a la primera persona del plural para referirse a sí mismo. Habla de las investigaciones astronómicas que realizó de joven y quizá también de las *Cuestiones naturales*, una obra de ciencias naturales que escribió al mismo tiempo que las *Epístolas*.

12. La muerte, concebida aquí como partida hacia el mundo astral.

13. Los combates de gladiadores y las competiciones atléticas se celebraban durante varios días.

14. Los romanos de cierta posición social visitaban por la mañana a sus patrones o amigos poderosos para solicitarles ayuda o consejo.

15. El verso procede de las *Églogas* de Virgilio (1:73). Melibeo, un pastor, se recrimina a sí mismo amargamente. Ha perdido sus tierras y ha tenido que marchar al exilio, de modo que no puede llevar a cabo las tareas que menciona.

16. Mecenas vivió medio siglo antes que Séneca y fue uno de los consejeros principales de Augusto y su ministro de Cultura. Escribió prosa y poesía, pero su obra no ha sobrevivido. Los versos citados quizá pertenezcan a una versión satírica del mito de Prometeo.

17. En el primer fragmento del capítulo 4, Séneca cuenta que los torturadores de su época empalaban a su víctimas por los genitales.

18. *Eneida* (12:646). Virgilio pone estas palabras en boca de Turno. Según Suetonio (*Nerón* 7:2), la misma cita se usó para burlarse de Nerón cuando trataba de huir de su principado en ruinas.

19. Quizá se trate de una velada alusión a la costumbre de los emperadores perversos como Calígula y Nerón de obligar a suicidarse a quienes se enfrentaban a su tiranía. Séneca habla del tema de forma más explícita en los fragmentos del capítulo 4.

1.   Séneca parece aludir a la esclavitud por deu-
     da, práctica prohibida mucho antes de su naci-
     miento.

2.   Solo el último de estos instrumentos de tortura es
     propiamente una cruz, pero la palabra latina *cru-
     ces* servía para referirse a una amplia variedad de
     ellos.

3.   Instrumento de tortura que consistía en un juego
     de cuerdas parecidas a las de una lira, con las que
     se descoyuntaban los miembros de la víctima.

4.   El estado del texto del manuscrito no deja más
     opción que interpretar el sentido.

5.   Petreyo y Juba fueron dos de los aliados de Catón
     en la guerra contra César. Tras su derrota en la ba-
     talla, pactaron morir uno a manos del otro. Según
     una fuente, se enfrentaron en combate, Juba murió
     y Petreyo se suicidó. Séneca los hace matarse en-
     tre sí, quizá para resaltar el inminente suicidio de
     Catón.

6.   Es decir, que el médico que le suturó la herida
     consiguió revivirlo.

7.   El texto latino no está claro, así que se ha añadido
     la palabra *si*.

8. Quizá Séneca se refiera al suicidio de Porcia, hermana de Catón y esposa de Bruto, de la que se dice (sin gran fundamento) que murió asfixiada tras tragar carbones encendidos.

9. *Eneida* (3:72), donde Eneas describe la partida de su barco del puerto de Tracia.

10. La muerte a la que Libón se adelanta era por ejecución, no por enfermedad. Tácito aclara (*Anales* 2:27-31) que estaba enfermo cuando lo sometieron a juicio (como Séneca dice a continuación) y que recibió una condena póstuma.

11. Séneca hace un juego de palabras con la voz latina *puncto*, que significa tanto *en un momento* como *con un pequeño corte*.

12. La terrible historia del suicidio de Catón se narra en la introducción al pasaje de *Sobre la Providencia*, el tercer fragmento de este capítulo.

13. En otros lugares, Séneca describe la sesión matinal de los juegos circenses como la más brutal y dice que se celebraban con frecuencia combates a muerte.

14. Las palabras entre corchetes son una adición.

5. CONVIÉRTETE EN PARTE DEL TODO

1. El padre de Marcia, Aulo Cremucio Cordo, hacía tiempo que había muerto. Aunque no era un firme creyente en el más allá, en ocasiones Séneca se anticipa al cristianismo e imagina que el alma de los muertos habita en un paradisiaco reino celeste.

2. Cordo se dejó morir de hambre cuando lo condenaron por traición a causa de publicar un libro de historia que despertó la ira del emperador Tiberio. Del destino del abuelo de Marcia no se sabe nada aparte de lo que Séneca nos cuenta aquí.

3. El libro de historia de Cordo trataba sobre las guerras civiles de Roma de los años treinta y cuarenta a. C.

4. La cosmología estoica predecía que las *ekpyrosis*, exhalaciones ígneas procedentes de los confines del universo, destruirían la tierra cada varios milenios, pero a veces Séneca imagina el apocalipsis como una inundación universal.

5. En latín, *sustuli* también significa *elevado*, pero en otro sentido. Los varones romanos levantaban a sus hijos sobre la cabeza en señal de reconocimiento de su paternidad.

6. En los tres episodios a los que se refiere Séneca, el joven rey Ptolomeo y su ministro eunuco ordenan

el asesinato y decapitación de Pompeyo; Marco Licinio Craso muere asesinado por los generales persas durante unas desafortunadas negociaciones tras su derrota en la batalla de Carras, y el emperador Calígula cae asesinado a manos de Querea, no sin antes ordenar la muerte de su cuñado Lépido y muchos otros sospechosos.

7. Ese terremoto azotó Campania en el 63 o 64 d. C. y precedió a la erupción volcánica que sepultó Pompeya y Herculano en el 79 d. C.

8. *Eneida* (2354). Alude a las *llamas y enemigos* durante la caída de Troya.

9. Es decir, las mucosidades que pueden obstruir las vías respiratorias y causar la muerte.

EPÍLOGO: PREDICAR CON EL EJEMPLO

1. Cicuta. El veneno paralizante con el que se suicidó Sócrates.

2. El gesto recuerda la muerte de Sócrates descrita en el *Fedón*. Sócrates pide que se sacrifique un gallo a Asclepio, dios de la medicina y la curación. A Júpiter, padre de los dioses del panteón romano, se le conocía por el epíteto de *Liberator*, en reconocimiento de su poder para salvar ciudades

de la esclavitud, pero Séneca usa aquí el término para describir su propia e inminente muerte como la liberación de su alma de la esclavitud del cuerpo.